Ano 1 • v.1 • 2016

Uma revista para A
Público ler após o e

CIP-BRASIL. CATALOGAÇÃO NA PUBLICAÇÃO
SINDICATO NACIONAL DOS EDITORES DE LIVROS, RJ

P97
v. 1

PUB : uma revista para o advogado público ler após o expediente. - v. 1, n. 1 (2016) / organização Guilherme José Purvin de Figueiredo ... [et. al.]. - 1. ed. - São Paulo : Letras do Pensamento, 2016.
    160 p. : il. ; 23 cm.   (Pub ; 1)

    Inclui bibliografia
    ISBN 978-8562131-66-0

    1. Poesia brasileira. 2. Conto brasileiro. I. Figueiredo, Guilherme José Purvin de. II. Série.

16-30275   CDD: 869.91
                             CDU: 821.134.3(81)-1

03/02/2016   04/02/2016

PUB - *Revista Cultural dos Advogados Públicos*, é uma parceria editorial do Instituto Brasileiro de Advocacia Pública (IBAP), da Associação dos Procuradores do Estado do Paraná (APEP) e do Sindicato dos Procuradores do Estado, das Autarquias, Fundações e Universidades Públicas do Estado de São Paulo (SINDIPROESP).

Ano 1 • v. 1 • 2016

Uma revista para Advogado
Público ler após o expediente

INSTITUTO BRASILEIRO
DE ADVOCACIA PÚBLICA

Uma parceria editorial do Instituto Brasileiro de Advocacia Pública (IBAP) com o Sindicato dos Procuradores do Estado, das Autarquias, Fundações e Universidades Públicas do Estado de São Paulo (SINDIPROESP) e a Associação dos Procuradores do Estado do Paraná (APEP).

Editores
Guilherme José Purvin de Figueiredo
(Procurador do Estado de São Paulo)
José Nuzzi Neto
(Procurador Autárquico do Estado de São Paulo)
Marcos Ribeiro de Barros
(Procurador do Estado de São Paulo)
Cristina Leitão Teixeira de Freitas
(Procuradora do Estado do Paraná)

Colaboraram nesta edição
Ana Cláudia Bento Graf • Amauri Vieira Barbosa • André Malta
Bruno Espiñeira Lemos • Celso Augusto Coccaro Filho • Eugênio Arcanjo
Gavin Adams • Guilherme José Purvin de Figueiredo • Hamilton Bonatto
Hermínio Back • Inês do Amaral Buschel • Marcos Ribeiro de Barros
Marlise Sapiecinski • Noel Arantes • Rita Parisotto • Roniwalter Jatobá
Suerly Gonçalves Veloso • Valdinar Monteiro de Souza.

Ilustrações: Guilherme de Araujo Pastana,
Guilherme José Purvin de Figueiredo e Ibraim Rocha.

Ícone da revista: Guilherme de Araujo Pastana

Diagramação e capa
Rita Motta - Editora Tribo da Ilha

Supervisão Editorial: Claudio P. Freire

LETRAS DO PENSAMENTO
Largo São Francisco, 181 - 6º Andar - Conjuntos 8/12.
Centro – CEP 01005-010 – SÃO PAULO-SP
Telefones: (11) 3107 6501 – 9 9352 5354
Site: www.letrasdopensamento.com.br
E-mail: vendas@letrasdopensamento.com.br

Impressão no Brasil

*"O jurista que não é mais
do que jurista é uma triste coisa".*

Rudolf Stammler

SUMÁRIO

Apresentação 9

▶ **DOCUMENTO**

Ata da 1ª Sessão Extraordinária do Plenário do Tribunal Federal de Recursos, em 01 de fevereiro de 1988 – Presidência do Exmo. Sr. Ministro Gueiros Leite 15

▶ **ARTIGOS E ENSAIOS**

Campos de Carvalho: pássaro inquieto 21
Noel Arantes (Professor de Literatura Brasileira)

Justiça, Vendeta e o Contraste entre Ésquilo e Homero 39
André Malta (Professor da FFLCH/USP)

Antígona: A Justiça Moral e o Valor da Sabedoria 47
Marlise Sapiecinski (Professora do Curso de Letras da PUC/PR)

Mestre Graça 65
Roniwalter Jatobá (Escritor)

Ninguém (apenas um estudante de Direito) 71
Guilherme Purvin (Procurador do Estado de São Paulo)

Lusofonia: qual é o significado desta palavra 81
Inês do Amaral Buschel (Promotora de Justiça Aposentada)

▶ **CONTOS**

Pedestre 91
Gavin Adams (Artista Plástico)

O túnel 101
Hermínio Back (Procurador do Estado do Paraná)

▶ CRÔNICAS

O cão como testemunha 113
Amauri Vieira Barbosa (Juiz do Trabalho, titular da Vara do Trabalho de Cajuru)

TCC à PQP 117
Marcos Ribeiro de Barros (Procurador do Estado de São Paulo)

Uma volta às raízes 121
Valdinar Monteiro de Souza (Advogado da Câmara Municipal de Marabá/PA)

▶ POESIAS

Ana Cláudia Bento Graf 127
(Procuradora do Estado do Paraná)

Bruno Espiñeira Lemos 129
(Procurador do Estado da Bahia)

Celso Augusto Coccaro Filho 130
(Procurador do Município de São Paulo)

Eugenio Arcanjo 131
(Consultor Legislativo do Senado Federal)

Hamilton Bonatto 144
(Procurador do Estado do Paraná)

Suerly Gonçalves Veloso 146
(Procurador do Estado de São Paulo)

Rita Parisotto 154
(Advogada Pública - Fundação CASA)

▶ HUMOR

Sociedade de Risco e Rabisco (Guilherme A. Pastana & Guilherme Purvin) 157

APRESENTAÇÃO

O que une nomes como José Américo de Almeida, Campos de Carvalho, Ligia Fagundes Teles, Antonio José de Moura e Augusto de Campos?

Todos dirão: a Literatura.

Do literato goiano Antônio José de Moura, poderíamos citar o romance "Umbra" e o livro de contos "Mulheres do Rio".

Augusto de Campos, nome imediatamente relacionado ao Concretismo e autor de "VIVA VAIA", a par de sua produção poética, destaca-se também pelas suas brilhantes traduções de clássicos da literatura universal.

Campos de Carvalho foi o autor do revolucionário romance "A lua vem da Ásia", que se tornou conhecidíssimo na década de 1970 ao ser publicado pelo Jornal O Pasquim.

Da produção da consagradíssima escritora Lygia Fagundes Telles, destacam-se o romance "As Meninas" e os livros de contos "Antes do baile verde" e "Seminário dos Ratos".

E o mais antigo nome citado, José Américo de Almeida, como todos sabemos, foi o autor do clássico "A Bagaceira", precursor do Regionalismo na Literatura Brasileira.

O que poucos sabem, porém, é que os cinco nomes, aqui lembrados casualmente, eram (ou são), também, Advogados Públicos.

Antônio José de Moura, Procurador do Estado de Goiás; Lygia Fagundes Telles, Procuradora Autárquica paulista; Augusto de Campos e Campos de Carvalho, Procuradores do Estado de São Paulo; e José Américo de Almeida, Procurador Geral do Estado da Paraíba.

A relação entre Literatura e Direito é intensa. Tomemos como exemplo a vida de Honoré de Balzac que, convencido pelo pai a seguir a carreira jurídica, por três anos foi estagiário de Direito. Essa experiência profissional foi decisiva para o grande romancista francês melhor compreender a natureza humana. De acordo com Graham Robb (Balzac: A Biography. New York: W. W. Norton & Company), no romance *Le Notaire*, de 1840, Balzac escreve que um jovem na profissão legal vê "*as rodas oleosas de cada fortuna, a disputa horrenda de herdeiros sobre corpos ainda não totalmente frios, e o coração humano às voltas com o Código Penal.*"

Em 1994, o antigo "IPAP" publicava o Boletim Advocacia Pública, reservando desde sua edição inaugural espaço para a veiculação de crônicas redigidas por advogados públicos – a bem humorada coluna "*Fórum de Foco*". Dez anos mais tarde, no volume um da Revista de Direito e Política (Jan/Abr-2004), eram publicados poemas e contos de diversos associados. Em 11 de abril de 2008, o IBAP oferecia aos seus associados memorável palestra, ministrada pelo Prof. Dr. Valentim Faccioli (FFLCH-USP) sobre a atuação jurídica de Machado de Assis na avaliação de processos de alforria de escravos e sobre a obra "Dom Casmurro".

Outras instituições do mundo jurídico também vêm explorando as interfaces entre Literatura e Direito. Em 2007, a Associação dos Procuradores do Estado de São Paulo – APESP promoveu encontro com os escritores Ada Pellegrini (autora do livro de contos "Foemina" e dos romances "Menina e a Guerra", "A garota de São Paulo" e "Morte na USP") e Zelmo Denari (autor do romance "Outono em Paraty"). Ambos são Procuradores do Estado de São Paulo conhecidos nacionalmente por suas atuações nas áreas do Direito Processual e do Direito do Consumidor, respectivamente. Em 2013, a Associação dos Advogados de São Paulo - AASP realizou o evento "Pauliceia Literária", que contou com a participação de nomes de proa do cenário literário mundial. E a capa da Revista da CAASP – Caixa de Assistência dos Advogados de São Paulo de outubro de 2015 destaca artigo sobre uma de nossas maiores escritoras do Século XX, a advogada Clarice Lispector. E na TV Justiça, aliás, há alguns anos é transmitido o programa "Direito & Literatura" O programa é produzido pela TV Unisinos - Canal Futura e discorre sobre os enredos e obras literárias para refletir as práticas e teorias jurídicas.

Pensando nesta realidade, sobretudo no âmbito da Advocacia Pública, a APEP – Associação dos Procuradores do Estado do Paraná, o IBAP – Instituto Brasileiro de Advocacia Pública e o SINDIPROESP – Sindicato dos Procuradores do Estado, das Autarquias, Fundações e Universidades Públicas do Estado de São Paulo, entidades que já de há muitos anos têm sido parceiras nas melhores lutas por uma Advocacia Pública Democrática, têm a satisfação de lançar esta nova publicação editorial, *PUB*, uma revista destinada a divulgar contos, crônicas e poesias de seus associados, bem como matérias de interesse cultural que estejam relacionadas também ao mundo do Direito, entrevistas com associados, estudos literários e resgate da história da Advocacia Pública brasileira.

A finalidade desta parceria é, essencialmente, de manter viva a tradição literária no meio jurídico e fomentar a produção cultural extrajurídica de seus associados. E nada mais adequado do que abrir sua edição inaugural com a Ata da 1ª Sessão Extraordinária do Plenário do antigo Tribunal Federal de Recursos, em 01 de fevereiro de 1988, presidida pelo Exmo. Sr. Ministro Gueiros Leite, na qual era homenageado o Ministro Coqueijo Costa, do TST que, além de músico, era, nas palavras de Jorge Amado, "em verdade, um poeta, um poeta livre e verdadeiro".

Guilherme José Purvin de Figueiredo

DOCUMENTO

PODER JUDICIÁRIO
TRIBUNAL FEDERAL DE RECURSOS

P L E N Á R I O

ATA DA 1ª SESSÃO EXTRAORDINÁRIA DO PLENÁRIO, EM 01 DE FEVEREIRO DE 1988
PRESIDÊNCIA DO EXMO. SR. MINISTRO GUEIROS LEITE
SUBPROCURADOR-GERAL DA REPÚBLICA, EXMO. SR. DR. PAULO A. F. SOLLBERGER
SECRETÁRIA, BEL. MARILIA CHAVES COÊLHO

Às 14:00 horas, presentes os Exmos. Srs. Ministros Armando Rolemberg, José Dantas, Washington Bolívar, Torreão Braz, Carlos Velloso, Otto Rocha, William Patterson, Sebastião Reis, Miguel Ferrante, Pedro Acioli, Pádua Ribeiro, Geraldo Sobral, Carlos Thibau, Costa Leite, Nilson Naves, Dias Trindade, José de Jesus, Assis Toledo e Edson Vidigal, foi aberta a sessão.

Não compareceram, por motivo justificado, os Exmos. Srs. Ministros Bueno de Souza, José Cândido, Américo Luz, Flaquer Scartezzini, Costa Lima, Eduardo Ribeiro e Ilmar Galvão.

Lida e não impugnada, foi aprovada a ata da sessão anterior.

O EXMO. SR. MINISTRO GUEIROS LEITE (PRESIDENTE): - Senhores Ministros, recomeçamos os trabalhos judicantes do Tribunal para o ano Judiciário de 1988.

Lamento comunicar o falecimento de dois ilustres juízes e juristas, o Dr. Mello Martins, Desembargador do Tribunal de Justiça do Distrito Federal, e o Ministro Coqueijo Costa, do Tribunal Superior do Trabalho.

Os falecimentos ocorreram no mês de janeiro e com o nosso Tribunal em recesso. Esta é, portanto, a primeira sessão e o momento próprio para registrarmos tão dolorosos eventos, para a memória dos pósteros.

Recebi a notícia do falecimento do Ministro Coqueijo Costa no Recife, pelo Ministro Luiz Rafael Mayer. Ao amigo que partiu ligavam-me laços de afeto fraternal e de admiração.

Acredito que assim ocorre com o demais colegas, dada a figura humana de Coqueijo Costa.

Peço ao Ministro Carlos Mário que fale sobre ele, pois o registro tem de ser sentido.

O EXMO. SR. MINISTRO CARLOS VELLOSO: - Cercado do carinho de sua mulher Aydil, dos seus familiares e dos seus amigos, faleceu na Bahia, no dia 20 de janeiro próximo passado, o Ministro Carlos Coqueijo Torreão da Costa, do Tribunal Superior do Trabalho.

Magistrado, jurista, professor universitário, autor de festejadas obras jurídicas, jornalista, poeta, músico, compositor,

ATA DE 01.02.88   FLS. 02

P.J. — TRIBUNAL FEDERAL DE RECURSOS

Coqueijo Costa, um homem de talento, em tudo o que fez pôs a marca de sua inteligência fulgurante.

Eu o conheci ainda antes de ingressar nesta Casa. Estando em Brasília, como examinador de um dos concursos de Juiz Federal, fui convidado para almoço na residência do Ministro Jarbas Nobre, no bloco "A" da SQS 316. Distraidamente, fui bater na porta de Coqueijo, que no mesmo prédio residia. Por coincidência, lá se encontrava o juiz e professor Paulo Emílio Ribeiro de Vilhena, meu conterrâneo e amigo, que me apresentou a Coqueijo. Depois, almoçando com o Ministro Jarbas Nobre, contei-lhe o ocorrido. Jarbas, então, discorreu, elogiosamente, sobre a personalidade de Coqueijo, do Coqueijo juiz, jurista, professor e, sobretudo, do Coqueijo poeta, compositor e músico. Posteriormente, como membro do T.F.R., fui residir, por coincidência, no bloco "A" da SQS 316. Por intermédio, então, do Peçanha Martins, que lá morava, aproximei-me de Coqueijo e fizemos amizade, que o tempo se encarregou de solidificar.

Coqueijo Costa foi, na verdade, tudo o que quis ser: foi dos maiores juízes do Brasil. No Tribunal do Trabalho da Bahia, sua terra natal, ninguém o superava; no Tribunal Superior do Trabalho, os seus votos fizeram escola e lhe granjearam estima, o respeito e a admiração de seus colegas e dos advogados brasileiros. Coqueijo presidiu o Regional baiano e o Tribunal Superior do Trabalho. Revelou-se, então, notável administrador, que sabia prever para prover. Na Presidência do T. S. T., contou com a colaboração, que, no discurso que proferiu por ocasião do término do seu mandato, declarou ter sido inestimável, de sua mulher e colaboradora, "da musa mais terna e dedicada, Aydil de nome", na observação feliz de Jorge Amado, ao prefaciar "Mais Dia, Menos Dia", livro de crônicas de Coqueijo (Editora Itapuã, Salvador, BA, 1972).

Como juiz, Coqueijo alcançou renome internacional: foi membro do Tribunal Administrativo da Organização dos Estados Americanos (OEA), com sede em Washington, DC, nos Estados Unidos.

Professor universitário, ensinou nas Faculdades de Direito da Universidade da Bahia e da Universidade de Brasília (UnB). Jurista de escola, escreveu magníficos livros: "Ação Rescisória", editado pela LTr, encontra-se na 5ª edição; o seu "Mandado de Segurança e Controle Constitucional", também da LTr, já deu mais de uma edição; "O Direito Processual do Trabalho e o CPC de 1973", da Editora LTr, é obra de consulta obrigatória; e o seu "Direito Processual do Trabalho", editado pela Forense, com cerca de novecentas páginas, encontra-se em 2ª edição. Artigos de doutrina jurídica, Coqueijo escreveu um grande número, que estão publicados em revistas especializadas.

Conferencista de fama, Coqueijo era muito requisitado por universidades e instituições culturais, do Brasil e do estrangeiro. Chegara, recentemente, dos Estados Unidos e da Costa Rica, onde proferira conferências sobre temas jurídicos de sua especialidade.

Coqueijo foi membro da Academia Brasileira de Letras Jurídicas e integrou a Academia Internacional de Direito Econômico e Economia.

Ele, entretanto, não sabia somente Direito, mesmo porque o jurista que é apenas jurista "é uma pobre e triste coisa" (Stammler).

P.J. — TRIBUNAL FEDERAL DE RECURSOS

Coqueijo foi, também, poeta. Aliás, ao morrer, morreu como um poeta: pressentindo que morreria, disse a Aydil, sua "amiga e companheira, do cura de viver" — as palavras são de Coqueijo e constam da decicatória do seu livro de crônicas, "Mais Dia, Menos Dia" — que bom, doce e suave é morrer ao lado de Aydil.

É de Jorge Amado o registro, que "esse tão numeroso Coqueijo é, em verdade, um poeta, um poeta livre e verdadeiro: nada o limita nem impede que se dê por completo, cidadão modelar, à obra de cultura", "poeta que se realiza em beleza profunda nas suas composições,..." (Jorge Amado, "prefácio" cit.).

Coqueijo também foi músico: com engenho e arte dedilhava o violão; e foi compositor de lindas canções, canções que o povo canta; amigo de Carlos Drumond de Andrade, pôs música na poesia do poeta maior. E foi amigo de Vinicius de Moraes, de Caimi, de Caribé, de Jener, de Mário Cravo, de Celestino, de Alcivando, de João Gilberto, de Badem, de Chico Buarque de Holanda — e é bom que cessem as citações, senão seria um citar de nomes sem fim.

Na Bahia, enquanto lá residiu, Coqueijo de tudo participava, a ponto de Jorge Amado chamá-lo de Comandante Coqueijo, porque vivia ele a arregimentar os seus amigos para tudo que fosse movimento cultural. Aliás, de mais de um romance de Jorge Amado, Coqueijo é personagem.

A característica do homem de talento, de inteligência brilhante, é mesmo esta: ele está sempre em movimento, é versátil, no sentido de que tem qualidades variadas e numerosas, é capaz de fazer tudo o que deseja, não é preconceituoso, e tudo o que faz, faz bem feito. Coqueijo, enquanto viveu, é prova disto.

Amigo incomparável, presente nos momentos de alegria e, sobretudo, na adversidade, Coqueijo fez uma legião de amigos. Humano, profundamente humano, sofria quando não podia ajudar aos necessitados. Lembro-me de gesto seu, no mês de dezembro do ano passado, num dos nossos passeios de domigo à tarde, quando aproveitávamos, Coqueijo, o professor e ministro Roberto Rosas e eu, para trocar idéias, "bater papo", conversar amenidades e tomar um café no aeroporto de Brasília. Pois num desses passeios, talvez o último que fizemos, fomos abordados por um homem pobre, que nos pedia um auxílio. Procuramos pelos "trocados". Coqueijo, buscando dinheiro no bolso, dinheiro que, naquela tarde, não levara consigo, frustrado, dava explicações ao necessitado: meu amigo, acredite-me, não tenho nenhum dinheiro aqui, se tivesse eu lhe daria, pode acreditar.

Esses pequenos gestos, marcados pela espontaneidade, revelam o caráter do homem.

Quantas e quantas vezes, no nosso prédio, Coqueijo e Aydil, os dois juntos, à noite, sem alarde, escondidamente, iam à garagem e à portaria alimentar os empregados mais humildes. Ao chegarmos das férias, no dia 30 último, ainda bem não estacionara o meu automóvel, quando um dos porteiros se acercou de mim e de Ângela, minha mulher, exclamando: perdemos o nosso protetor, o Ministro Coqueijo. Naquele momento, diante daquela manifestação tão sincera de um homem humilde, o melhor que fizemos foi também chorar de saudade do amigo que se fora.

Coqueijo amava os bichos. Dizia ele que o homem civil

ATA DE 01.02.88 FLS. 04

P.J. — TRIBUNAL FEDERAL DE RECURSOS

zado, culto, tem carinho pelos animais, porque estes também têm direito à vida. Bem disse Antônio Olinto, "niguém os amou tão largamente. Poderia ter escrito um livro, que ficaria na literatura brasileira, sobre seu franciscano sentimento de amor aos animais." Não sabemos como ficará a Aparecida, um papagaio que gostava de se empoleirar no ombro de Coqueijo e com quem Coqueijo conversava coisas sérias.

Numa crônica escrita em 1966, Coqueijo conta a morte de um passarinho, uma história linda que começa assim: "Se alguém chora baixinho — é passarinho. Quem ama de mansinho, com a paz de claustro, a quietude de paredes conventuais, a unção de hora de ave-maria — é passarinho, Passarinho é coisa frágil, alada, que fala piando e só beija as flores."

Temos que reconhecer: isso é poesia pura e somente a faz "um menimo passarinho com vontade de voar."

Meu avô, o finado Carlos Velloso, homem do interior de Minas, que cultivava a filosofia capioa das Gerais, costumava dizer: homem que não gosta de bicho e de criança não é coisa que presta.

Pois Coqueijo amava os bichos e amava as crianças. De uma feita, disse-me ele, apreciando um pugilo de meninos e meninas a brincar, numa gritaria sem par, no pátio da escola que fica bem ao lado do nosso prédio, que aquilo parecia uma algazarra de pássaros, gostoso de ver e ouvir.

Assim foi Coqueijo, um homem que sabia viver e que vivia alegremente. Que foi, sobretudo, um homem bom, solidário, pronto a ajudar o seu semelhante, e que não se conformava com a bondade passiva, porque a queria ativa, atuante, fincada no amor pelas criaturas de Deus. Do seu livro, "Mais Dia, Menos dia", recolho de Coqueijo esta conclamação, que fecha a sua crônica sobre o Natal, publicada no dia 24 de dezembro de 1965:

"Ricos e pobres, pretos e brancos, homens e mulheres, vamos dar um pouco de tudo, com fúria santa. O que se compra nas lojas e o que se tem na alma. De preferência, essa mercadoria preciosa, gratuita, que não deteriora, não envelhece, não se quebra nem se desgasta, que une, antes do que afasta, e que é simplesmente o amor pelas criaturas."

Coqueijo se foi. Aydil, sua adorável companheira, que viveu só para Coqueijo, continuará, estamos certos, a sua obra, ela que foi a sua grande e maior colaboradora.

Senhor Presidente, ouvida a Casa, proponho que constem da ata de nossos trabalhos estas palavras, como homenagem do Tribunal Federal de Recursos à memória do grande juiz e do notável homem que foi o Ministro Coqueijo Costa. E que se dê conhecimento desta homenagem à família, na pessoa de sua mulher, a Dra. Aydil Leite Coqueijo Costa, ao Tribunal Superior do Trabalho e ao Governo da Bahia.

O EXMO. SR. MINISTRO GUEIROS LEITE (PRESIDENTE): - Agradeço as palavras do Ministro Carlos Mário e determino que o seu pedido seja atendido.

ARTIGOS E ENSAIOS

CAMPOS DE CARVALHO: PÁSSARO INQUIETO

NOEL ARANTES

Quando escreveu, em primeira mão, sobre *Grande Sertão: Veredas*, o professor A. Candido disse que o livro "tinha de tudo para quem o soubesse ler". A opinião não perdeu força ao longo dos anos; pelo contrário, firmou-se e continua valendo. Inclusive pode ser estendida a todas as literaturas que, para além de suas qualidades intrínsecas, mobilizam o leitor também pela potência de estranhamento que delas dimana. A lembrança, claro, não aspira a comparações orgânicas, mas vem de encontro ao tema que aqui tem lugar: a obra de Walter Campos de Carvalho, escritor brasileiro nascido em Uberaba em 1916 e morto em São Paulo em 1998. Também aos que o lerem estará reservado um pouco de tudo.

Da "bibliografia fundamental" (como ele próprio dizia) de Campos de Carvalho – *A Lua Vem da Ásia* (1956), *Vaca de Nariz Sutil* (1961), *A Chuva Imóvel* (1963) e *O Púcaro Búlgaro* (1964) –, procede um imbricadíssimo e bem urdido programa literário, e é de se lamentar que ela tenha tido tão pouca audiência. São títulos que dão notícias de um excelente conjunto novelas que trouxeram boa aragem à cena literária brasileira de meados do século XX. Exatamente num momento em que parecia baldado qualquer esforço de renovação, dados os efeitos produzidos pelos "furacões" Guimarães Rosa e Clarice Lispector (a expressão destacada é também A. Candido). Seja como for, Campos de Carvalho, em sua passagem meteórica pela literatura, "buscou", como dele disse Fausto Cunha, "com probidade seu próprio caminho".

Antes de *A lua vem da Ásia* (segundo o autor, sua "verdadeira estréia"), Campos de Carvalho publicou *Banda Forra* (1941), misto de pequenos tratados cômicos e/ou crônicas da vida cotidiana, e *Tribo* (1954), solilóquio de humor nonsense e pseudobiografia de um herói misantropo. São, hoje, raridades. Quando de seu aparecimento, não tiveram qualquer audiência, sendo Wilson Martins, salvo engano, o único contemporâneo a dar notícia de *Tribo*, mas em rápida crítica cenhosa. O próprio autor os rejeitou supinamente esses "livros de juventude", sanha de negar que, a propósito, estender-se-ia a outras experiências, como *Espantalho Habitado de Pássaros*.[1] A *Banda Forra*, *Tribo* e *Espantalho Habitado de Pássaros*, "obra contígua", em oposição à "obra fundamental", podemos juntar: a) *Os Trilhos*, conto publicado na revista *Senhor*, de Nahum Sirotsky, em janeiro de 1960; b) uma

---

[1] Trata-se de uma novela experimental-sentimental, publicada pela Civilização Brasileira, de Ênio Silveira, na antologia temática *Os dez mandamentos* (1965), da qual fizeram parte João Antonio, Carlos Heitor Cony, Jorge Amado, Guilherme de Figueiredo e outros. Como pressupõe o título, cada autor tomou um dos mandamentos bíblicos como mote. A Campos de carvalho coube o "Não pecar contra a castidade".

coleção de esparsos, próxima de trinta crônicas, que teve lugar no *Pasquim*, onde o autor escreveu entre 1973 e 1977; c) caso à parte, um conjunto que reúne inéditos datados dos anos 40 e 50 (a maioria poemas) e que soma pouco mais de meia centena de textos jamais permitido à divulgação.

As obras que Campos de Carvalho "autorizou" (as quatro novelas citada inicialmente) adquiriram, ao longo das décadas de 1960 e 1970, reputação de dicções fortes da contracultura e da insurgência, dando ao autor o status de polemista insurgente e signatário de um estilo bastante ácido; no geral, diverso daquele praticado em nossas letras. Como queriam alguns, um verdadeiro escritor *undergroud* no Brasil. Pelo menos no *Suplemento Literário do Minas Gerais*, seu nome assim era lembrado em 1972: "(...) no todo, Campos de Carvalho é um nome mais do que "respeitável". Até hoje, a literatura surrealista, *pop, underground*, anarquista (ou o nome que se queira dar), ainda não vingou no Brasil, havendo alguns exemplos isolados com doses maiores ou menores de um tipo novo e atual de comportamento existencial-estético". Posteriormente, ele próprio, buliçosamente como era de seu espírito, comentou, em uma crônica do *Pasquim*, o epíteto: "Metrô aqui [em Londres] é *Underground:* acabou-se aquela mamata de Lisboa, Madri, Barcelona, Paris. Por enquanto ainda estou só farejando: isso de *underground* me lembra literatura *underground* que nem a minha, o que é sempre perigoso".

Signatário de uma literatura em permanente estado de inquietação, Campos de Carvalho mobilizou um fiel público de admiradores, que o colocou em uma posição que bem poderíamos nomear *Cult*. Apesar de ter alcançado algum êxito, surpreendeu ao abandonar a literatura, exatamente quando desfrutava o pleno vigor de seu processo criativo. Após o admirável *O Púcaro Búlgaro* e *Espantalho habitado de pássaros*, recolheu-se a um silêncio obstinado e, para muitos, inexplicável. Se considerarmos apenas a contribuição em livros, diremos que nunca voltou a escrever. Em 1995, por iniciativa da Editora José Olympio, trinta anos depois do último livro, apareceu republicado em uma *Obra reunida de Campos de Carvalho*, que enfeixava os quatro títulos de sua predileção. Nela, em nota da editora, veio a explicação de que, por vontade expressa do autor, *Banda Forra* e *Tribo* estavam vetadas. Adiante, em 2006, a mesma editora lançou um pequeno volume com algumas das crônicas do *Pasquim* (*Cartas de viagem e outras crônicas*). Fechando o ciclo, as quatro novelas da *Obra Reunida* foram reimpressas em 2009, daquela vez em edições solteiras.

Em 1995, quando a barreira do esquecimento foi rompida pela primeira vez, a professora Vilma Sant'Anna Arêas foi uma das primeiras a dar notícia da importância do autor. Em artigo para o jornal *O Estado de São Paulo* (*A arte bruta de Campos de Carvalho*, 1995), referiu-se a ele como um autor cujo texto "voava como se tivesse molas". Maneira de dizer que, por trás de sua escrita aparentemente desprovida de programa, vinha faturada uma poderosa variedade de dicções. Para a articulista, o autor até podia passar por "escritor ingênuo ou inconsciente da complexidade do que escolheu como meio de expressão", mas isto não correspondia à verdade; daí que "a distorção das imagens e a fantasia desatada estavam presas a um universo múltiplo de referências históricas, literárias e filosóficas". Por isso mesmo recomendava a prudência de "um rastreamento das fontes literárias, musicais ou pictóricas que alimentam o universo ficcional – diria melhor pluriverso – de Campos de Carvalho". O objetivo, claro, era prevenir os novos leitores de que nem tudo funcionava de acordo com as aparências.

Com efeito, o que está em jogo em Campos de Carvalho é o fato de ele não ser um autor para leituras de primeira e única visada. Seus livros requisitam aquela perspectiva de leitura persistente e plural – tal como formulou Barthes, a necessidade de uma "crítica paramétrica", com a qual ele, Barthes, dizia "sonhar" –, e cujo tino está exatamente em escavar o que o texto não oferta à luz do dia. Se, ao lê-lo, temos a impressão de algo que se dá à máxima licença, logo adiante podemos dar com uma obra feita de segredos estéticos e de armadilhas de carpintaria que somente se desvelam pelo socorro de uma leitura cerrada. Daí que o mascaramento seja, em larga medida, um dos aspectos fundamentais de sua poética e traço fino de um autor que enforma motivos de acordo com um *savoir-faire* a exigir quem "o saiba ler". Escondendo o jogo, fez valer a ilusão de que sua literatura procedesse de invenção personalíssima, quando, na verdade, é bem outra coisa. "Minha literatura não é de lugar nenhum. Não é da Terra. Não vem de São Paulo ou do Rio de Janeiro, onde vivi por vinte e cinco anos", dizia ele em 1995, abusando um pouco de sua verve histriônica[2]. Mas, ao leitor atento, bastará o trabalho de escavação para descobrir praticamente o oposto. Trata-se de literatura totalmente da Terra, ou, melhor dizendo, "uma literatura da terra da literatura". Xadrez refinado e complexo, que leva o leitor persistente a abandonar a impressão de que se trate de "escrita automática" (tecla na qual ele costumava bater) e alcançar o que é fundamental e permanente em seu estilo: a busca incessante de um diálogo fundo com a alta tradição. Nesse domínio, não será muito dizer que poucos escritores brasileiros do período condensaram em seus livros uma recomposição tão criativa das matrizes altas da tradição literária, musical e pictórica, como lembrou Vilma Arêas.

Foi, certamente, por isso que Rui Mourão, no início da década de 1970, quando a obra de Campos de Carvalho ainda insuflava polêmicas, recomendou essas sutilezas, que sabe se

---

[2] Jornal *Folha de São Paulo*, edição de 29 de outubro de 1996, caderno "Ilustrada", p. 4.

movido por particular preocupação de refrear aquela obsessão das leituras de superfície, que sempre quiseram tomar o autor pelo desvairamento, inclusive propondo isto como vantagem. Dizia, à guisa de correção, que, em Campos de Carvalho, "a descrição do desvario humano" (realmente o tema mais constante em seus livros) "se torna *desvairismo literário*", exatamente porque almeja ser "mais relevante e mais culturalmente significativa". Creio que, a partir daí, podemos compreender que, de fato, o problema da voz delirante na obra do escritor está alguns andares acima do que simplesmente a obsessão pelo tema da loucura ou o desejo de "fingir-se de louco", como quis Sérgio Milliet em leitura um tanto reducionista de *A lua vem da Ásia*. Diria mesmo, a contrapelo do que viu Sérgio Milliet, que, se Campos de Carvalho foi tomado pela "loucura" (ou "fingiu-se louco"), parece ter sido a "loucura mansa dos livros", como dizia José Mindlin. Seu único desvairismo é o "desvairismo literário", feito de um programa muito consciente, que buscou aglutinar, em chave de permanente renovação, um formidável cabedal de leituras. Lendo-o, saberá o leitor mais inclinado a uma "leitura de batear" que está diante de uma obra que é feita de uma quase "sosiedade" (termo que G. Rosa criou em *Tumataméia*) com as matrizes da tradição. Boa parte dos motivos dados pelo autor vem de um diálogo milimetricamente calculado com as fontes de sua predileção. Mais do que aposta no nonsense, investiu na recomposição criativa do que pensava ser "mais relevante e mais culturalmente significativo", para repetir aqui Rui Mourão.

    A título de exemplo, tomemos uma passagem de *A lua vem da Ásia*. A certa altura, o narrador-protagonista se encontra enclausurado em seu "quarto de hotel", que é, na verdade, um hospício (Gogol?). Num de seus incontáveis momentos cismarentos, ouve, ao longe um piano que lhe parece familiar. Logo percebe que é o piano de Lautréamont. Vale reproduzir um trecho: "Um piano dentro da noite. Seria Lautréamont compondo, Lautréamont o trânsfuga? O estilo era de Lautréamont, tanto quanto me foi possível ouvi-lo à distância, na escuridão da minha insônia, pela noite adentro. As notas batiam nos meus nervos, uma após outra, insolitamente, e quando não batiam eu ficava à sua espera, olhos abertos, a respiração suspensa, como se me houvessem roubado em alguma coisa, em minha alma, e não houvesse ninguém a quem eu pudesse apelar dentro do enorme silêncio, sem polícia e sem revólveres."[3] Num primeiro momento, o expediente pode parecer "boa solução literária" apenas. Mas a carpintaria que aglutina amor da tradição, intertextualidade, presença do insólito e lirismo na justa medida – e isto num livro dominado pelo humor desabrido quase que todo o tempo – pode conduzir a outras delicadezas. A história do "piano de Lautréamont" procede, a meu ver, de uma casuística importante no contexto geral que envolveu o escritor franco-latino tão apreciado por Campos de Carvalho (penso mesmo que seu diálogo mais constante ou uma quase alteridade). Doze anos após a morte do poeta de Maldoror, num ensaio intitulado *Le Cabanon de Prométhée*, Leon Bloy impôs-lhe recusas virulentas. Logo depois, em 1890, apareceu uma edição francesa dos *Chants de Maldoror* e o editor Genonceaux, crendo desagravar o poeta, julgou que uma biografia pudesse reparar maledicências. Publicou-lhe, então, a obra, mas com uma "biografia" em prefácio. Claro, muito imaginou e muito romanceou. É esta a fonte de que descende a história do piano requisitada n'*A lua vem da Ásia*. Via Genonceaux, Campos de Carvalho plasmou em um só núcleo ficcional o mítico hotel que Isidores Ducasse teria habitado em Paris – no número 23 da *rue Notre--Dame-des-Victoires* – e o "hotel"onde se encontra confinado seu maldoroniano personagem, matizando, à sua maneira, e impli-

---

[3] CAMPOS DE CARVALHO, Walter. *A lua vem da Ásia*, Rio de Janeiro, José Álvaro Editor, 1965.

citamente, o embate Bloy/ Genonceaux. Não é pouco para quem fez um livro que, aos olhos de alguma crítica (Milliet, por exemplo) só queria impressionar por meio de artifícios e fingimentos débeis. Mais ainda se considerarmos que, em 1956, Lautréamont era pouquíssimo lido no Brasil; ou, a rigor, não lido.

São essas referências dialógicas que certamente levaram Vilma Arêas a recomendar atenção para o intercâmbio do autor com os domínios amplos da arte, incluindo-se a pintura e a filosofia. Tanto que não se esqueceu de que o título de um de seus livros mais marcantes (*Vaca de Nariz Sutil*) é citação direta de Dubuffet. Relativamente a isto, quero lembrar uma pilhéria deliciosa. *Vaca de Nariz Sutil* somente apareceu em 1961; porém, o autor já havia antecipado o novo livro em entrevista ao *Jornal de Letras*, em 1958, permitindo-se, inclusive, à divulgação prévia de um capítulo do livro; capítulo que, a bem da verdade, não apareceria na edição definitiva. Em entrevista (ou, como dizia o jornal, "inquérito") feita por correspondência, diante do que julgou uma desinformação do jornalista ("Que vem a ser vaca de nariz sutil?..."), Campos de Carvalho fulminou: "– Bem, *Vaca de Nariz Sutil* é, como se sabe ou não, uma tela do pintor Dubuffet para a qual eu posei telepaticamente de quatro, como convém a uma vaca de nariz sutil." Entre *A lua vem da Ásia* e *Vaca de Nariz Sutil*, segundo título da "fase autorizada", Campos de Carvalho publicou (descontando-se o "capítulo abandonado" que veio no *Jornal de Letras*) *Os Trilhos*. Recorro ao fato porque creio que, do ponto de vista da definição do estilo do escritor, o conto seja mesmo um registro importante, ainda que o autor nunca tenha se pronunciado sobre ele.

A recepção de *A lua vem da Ásia* tinha sido, no geral, controversa. Houve os que saudaram com entusiasmo o livro; os que o receberam com reservas; os que viram nela ensejo para a uma visada até certo ponto maliciosa (caso de Milliet na *Tribuna de*

Impressa) e os que, por fim, o ignoraram solenemente. Neste último quadrante, exceção feita a Milliet, estão os nomes insignes da crítica. Tudo indica que o autor, até ingenuamente, esperava melhor acolhida e, mesmo ciente de que pudesse desagradar, não contava nem com o escárnio, nem com o silêncio. Convenhamos que, até aí, nada de novo. Bons e maus escritores enfrentam essas disposições, que são, até certo ponto, naturais. Mas, no caso de Campos de Carvalho, parece que não foi bem assim.

Foi a partir da recepção torta de *A lua vem da Ásia* que o autor abraçou a disposição de combater em campo aberto. Tanto que o humor desabrido daquele "livro de estreia" foi literalmente deixado de lado e somente se repetiria em *O Púcaro Búlgaro*, quase dez anos depois. Nesse interregno, vieram escritos francamente inclinados a pugnar, quer pelo desafio, quer pela vontade de chocar. O autor tornava-se, por assim dizer, um incendiário explícito. A posição anarco-individualista, a iconoclastia, a blasfêmia, o ateísmo, o gosto por temas interditos (sobretudo no campo da sexualidade e da religião) – embora estivesse já em boa medida presentes em *Tribo* e também em *A lua vem da Ásia*, mas sob a providência do humor, que solubiliza um pouco as contendas –, vinham, agora, franqueados. A partir de *Os Trilhos* (1961), até *A chuva imóvel* (1964), tais escolhas foram condensadas na fatura de uma linguagem empedernida, conduzida por andamento aflitivo e hiperbólico, especialmente inflamado e avassalador. As relações incestuosas e o suicídio em *A Chuva Imóvel* (suicídio que, a propósito, é tema recorrente em todos os livros); os impulsos sexuais pervertidos que levam o personagem de *Vaca de Nariz Sutil* a se envolver com Valquíria, a filha de um zelador de cemitérios, que tem apenas quinze anos e que se torna sua amante, começam, de certa forma, a nascer em *os Trilhos*, e por intermédio de um expediente que se tornaria muito presente nos dois textos seguintes: a submissão dos conflitos temáticos a um conflito, antes, inteiramente verbal; o que não deixa de ser um proveito calculado. Mas parece que nem todos entenderam assim. Fausto Cunha, por exemplo, pôs senões em *Vaca de Nariz Sutil*, indicando, e muito probamente, que, sob sua ótica, o escritor não fizera mais que desperdiçar um bom tema (os traumas da guerra e o neurótico de guerra). Seja como for, *Os Trilhos*, dada a preferência pela palavra sediciosa, será, então, uma espécie de incursão *avant la lettre*; especialmente porque, à fatura do conflito verbal acima do conflito temático, consagrará a voz hegemônica que se fará presente nos livros anteriores a *O Púcaro Búlgaro* (este dominado pelo humor sem amarras): o herói desajustado e em permanente combate com o mundo que o mortifica. Talvez tenha faltado à crítica – e mesmo à crítica reta – perceber que essa tipologia do homem revoltado que sustenta, no jogo retórico proveniente do entrechoque "opressão *versus* insurreição", a síntese da vida desprovida de possibilidades é, em boa medida, aquisição também vinda da tradição. Camus, por exemplo, declinou a injunção de causas que produzem o espírito de combate no "homem revoltado", referindo-se, inclusive, à possibilidade da morte voluntária como termo desse espírito em colisão com o mundo.[4] Some a isto (o que, de minha parte, parece ser um ganho) o fato de que a busca de uma solução inteiramente formal para conduzir essas questões de fundo requisita especial habilidade.

De qualquer forma, quero ressaltar outra qualidade que, a meu ver, foi adquirida com a experiência de *Os Trilhos*. Refiro aos

---

[4] "O revoltado quer ser tudo, identificar-se totalmente com esse bem do qual subitamente tomou consciência, e que deseja ver, em sua pessoa, reconhecido e saudado – ou nada, quer dizer, ver-se definitivamente revoltado pela força que o domina. Em última instância ele aceitará a derradeira derrota, que é a morte, se tiver que ser privado dessa consagração exclusiva a que chamará, por exemplo, de sua liberdade. Antes morrer de pé do que viver de joelhos." – CAMUS, Albert. *O Homem Revoltado*. Rio de Janeiro, Editora Record, 1997, p.27

expediente que visam, no conto, a esculpir esse tipo conhecido do fracassado que Campos de Carvalho buscou. Além da primeira pessoa incendiária, no conto o autor projeta habilmente uma incontável sucessão de metamorfoses do protagonista. No curso da narrativa ele se corporifica em locomotiva, escaler, navio, espantalho, pedra e pássaro etc. Dado curioso será que essa personagem polimorfa entra, no texto, repetidamente associada a um "par de patins", acessório que é extensão de todas as formas que assume. Minha primeiro impressão era a de que esse caleidoscópio fornecia a impressão de um quadro de Bosch. O pressuposto tornou-se inquietante pela lembrança de uma figura emblemática daquele pintor, presente em *O juízo final* – o "pássaro sobre patins", que traz no bico uma plaqueta onde lemos "vadio"; ou seja, o emblema do homem socialmente fracassado, mas estigmatizado por uma antimoral que não consegue corrigir. No caso, a preguiça; que faz com que o pássaro (de Bosch) prefira deslizar sobre patins a bater as asas. Se estiver certo, creio que seja mais um motivo para acreditar que Campos de Carvalho escolhia muito bem as fontes nas quais projetava seu diálogo e as recriava como poucos. Logo, lê-lo é, de certa forma, reportar-se a um conjunto precioso de fontes caras.

Aos 17 anos, Campos de Carvalho ingressou na Faculdade de Direito do Largo de São Francisco. Data dessa quadra o desejo de participação política e a aproximação com o movimento anarquista. Daí procede a colaboração no periódico anarquista *A Plebe*, de Edgar Leuenroth. Ali, o jovem estudante assinou pelo menos um artigo, "O fenômeno da prostituição" (sob o autógrafo "Walter"), cujo mote era a defesa das prostitutas e a leitura da prostituição como rebotalho social e subproduto do capitalismo. Vale lembrar que o tema o acompanharia na literatura futura – em *Os Trilhos* e *Espantalho habitado de pássaros* surge em chave lírica com a personagem Desdêmona. A certa altura de *Tribo*, ainda que sob o filtro do humor afiado, a lembrança de *A Plebe* também se encontra presente. "Fui jornalista e bom chefe de família (...). Como foliculário fui o que se pode dizer, sem falsa modéstia, o pior de todos (...) Felizmente não guardo uma só frase escrita por mim nesses tempos áureos de minha imbecilidade, e os meus leitores de então que hoje serão capitalistas, cônegos, senadores e chefes de sindicatos, já se esqueceram completamente do que eu lhes possa ter dito ou ensinado com o ar mais professoral deste mundo. (Lembro-me de que eu colaborava até para um jornal chamado *A Plebe*, nome cujo significado hoje me é inteiramente desconhecido)", escrevia o protagonista Walter em um dos capítulos do livro.

Ainda como jovem bacharel, o escritor entrou para a Procuradoria Geral do Estado de São Paulo, em 1939, e lá permaneceu até a aposentadoria, em 1969. A profissão, ao que parece, não lhe agradava, mas lhe foi vantajosa. Amiúde, ele se reportava ao fato de que sua formação de leitor descendia em muito da convivência com os colegas. Não hesitava dizer que sua verve de escritor muito refletia da formação de leitor vinda dos primeiros tempos como procurador. No início dos anos de 1950, instado por razões profissionais, Campos de Carvalho, já casado com Lygia, mudou-se com a esposa para a então capital da república. A princípio, a permanência no Rio seria curta. Porém, a expectativa não se confirmou e o casal residiu na cidade por vinte e cinco anos, fixando-se, depois, em Petrópolis, por um período de mais seis anos. Como de costume, o escritor lembrou essas peripécias em entrevista: "Sou advogado. Estudei em Uberaba e depois vim para São Paulo estudar Direito na Faculdade São Francisco e me tornei procurador do Estado. Um dia meu chefe perguntou: 'Quer ir para o Rio?' 'Fazer o quê?' 'Por pouco tempo, só uma semana.' Cheguei lá, fiquei 25 anos, em vez de uma semana"[5]. O casal somente voltou a São Paulo em meados da década de 1990.

---

[5] *O Estado de São Paulo*, ed. cit. p.23.

A supressão das fronteiras entre literatura e vida sempre mobilizou o interesse de Campos de Carvalho. Era quase uma mania e ele fazia questão de dizer que seus livros eram essencialmente sua vida reproduzida. Costumeiramente, essas declarações vinham carregadas de tinta. O observador mais sagaz talvez empenhe certa desconfiança na direção dessas inclinações histriônicas, fazendo supor que, fora da literatura, Campos de Carvalho foi uma quase personagem de si mesmo. A jornalista Eneida, figura da maior importância no cenário da vida intelectual brasileira de meados do século XX, parece ter notado o sestro e em *Romancistas também personagens* publicou-lhe uma entrevista. No capítulo que lhe dedicou, à guisa de epígrafe, cravou de saída: "A ovelha negra. Um escritor que viu o diabo e afirma que ele tem olhos maravilhosos". Cumpre somente notar que, naquela ocasião, diferentemente do que sempre ocorria, a pauta geral da entrevista dispensou a pirotecnia. Eneida tomou a estampa como mote de diversão descompromissada, conduzindo a conversa com decoro e interesse, ressaltando sobretudo as qualidades que via no escritor; talvez até como forma de fazer frente a uma prática que houvera já se tornado frequente desde o aparecimento de *A lua vem da Ásia*: a abordagem cansativa do estereótipo do homem desarrazoado que se dá à literatura.

Mas, apesar de Eneida, a imagem do escritor excêntrico, vinda em reportagens, entrevistas e comentários que repisavam o mote do abilolado que escrevia, há muito se fixara. Não há dúvida de que houvera, da parte do próprio Campos de Carvalho, grande contribuição para tanto; seja por rebeldia infantil, troça, por pura deliberação ou mesmo ingenuidade. Não é improvável que pudesse proceder também de um capricho de vingança e ressentimento. De qualquer forma, ele próprio se revestira da imagem pública do *clown* (que confessadamente o comprazia), faceta que o permitia, como certamente supunha, transitar entre o gracejo franco e o humor corrosivo com tintas de mordacidade e sair ganhando. "Nasci clown e morrerei clown, embora a vida toda tenha sido um mero funcionário público (...) Sou eternamente grato a um crítico que certa vez me chamou de clown (nem a minha própria mãe me chamou assim) – como sou grato aos que me chamaram de palhaço" escreveu em uma crônica do *Pasquim*. Porém, a construção dessa imagem persistente faz supor que Campos de Carvalho foi quem mais estigmatizou Campos de Carvalho.

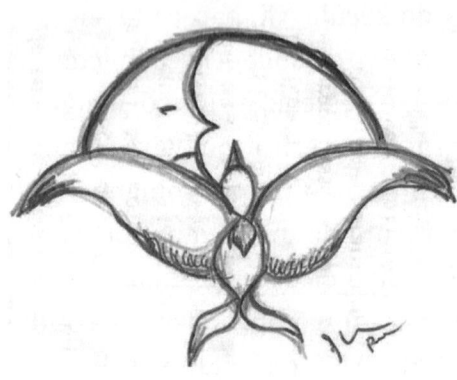

Ilustração: Ibraim Rocha

Cumpre apenas notar, e com justiça, que quase toda a fortuna crítica contemporânea à primeira circulação de seus livros é isenta da influência do estigma, que era próprio dos domínios da "notícia" fútil – da "vida literária" e não da literatura. Se o matiz desse juízo aparecia em um ou outro comentador, era no sentido metafórico e em tom quase sempre de distinção. Como ocorre com o texto de Guilherme de Figueiredo, por ocasião da apresentação da novela *O Púcaro Búlgaro*. "Repito que Campos de Carvalho é um louco. Um louco perigoso. Está demolindo as rotinas da vida: a da hora do expediente, a do amor, a dos chinelos diante da televisão, a do bocejo à hora de mandar as crianças para a cama." O fato de comentadores, sobretudo os que vieram depois da *Obra Reunida*, terem lido essas palavras ao pé da letra é um outro problema.

À margem daqueles escritores que permanecem, atravessam gerações e se tornam canônicos, há os que não resistem ao tempo e acabam esquecidos. Não é raro que, na contramão do esquecimento, esses ausentes também façam prevalecer apelos.

Parar de escrever pode, às vezes, chamar tanto a atenção quanto escrever. Não é incomum que, na direção do artista que troca a publicidade pelo isolamento, haja alguma inclinação veneranda. Os que abraçam essa falta resistem em consentir o exílio voluntário ou mesmo o esgotamento da força criativa. É difícil discernir se é a expectativa do ressurgimento ou o próprio fascínio da decisão imprevista que desperta tanta devoção. Escrevendo a respeito do poeta argentino Enrique Banchs, e de seus vinte e cinco anos de silêncio, Jorge Luís Borges disse que um "poeta hábil" pode tornar-se "quase constrangedoramente incapaz", conquanto haja "outro caso mais estranho e mais admirável: o do homem que, de posse ilimitada de mestria, desdenha seu exercício e prefere a inação, o silêncio". Campos de Carvalho talvez se enquadre aí. Ainda hoje, seu nome nos impõe, mesmo quando não o elegemos como prioridade, o problema da renúncia, especialmente depois do aparecimento da *Obra reunida*.

Não direi aqui que seja um dado a dispensar atenção; direi apenas que, a meu ver, é um problema insolúvel. Somente lembremos que não se trata de acontecimento do qual Campos de Carvalho tenha sido o único protagonista. Por isso mesmo, o problema dos escritores *outsiders* continuará sendo um capítulo demasiado complexo.

Não serão poucos os que creem satisfatório associar o problema do escrito proscrito a uma orquestração derivada do aparelho crítico. Ou seja, à equação simples de que quem proscreve é o cânone. Claro, não é improvável que muito do que diz respeito aos processos de obscurecimento de um artista venha como resultado de uma cultura crítica movida por um espírito restrito. Naturalmente que são os ânimos da crítica que, em boa parte, definem o que será objeto de adesão ou de recusa. Todavia, essas opções nem sempre têm a ver com pusilanimidade ou ineficiência dos críticos. Pode, aqui e ali, ser mais uma questão de método. Certas culturas críticas elegem transitar em campo preferencialmente mais exíguo – ou menos "catalográfico", se é que o termo se enquadra. Se, por um lado, a concentração em torno de objetos selecionados a dedo abrilhanta o edifício dos notáveis em literatura, tanto quanto aumenta as possibilidades de uma prospecção mais forte, por outro, haverá o inevitável pendor exclusivista em forma de monocultura literária. Embora não sejam, por definição, pobres, os caminhos da crítica monolítica são, evidentemente, fechados.

Além de Campos de Carvalho, muitos outros autores esquecidos, corroboram perfeitamente o pressuposto. De qualquer forma, e independentemente das muitas qualidades da literatura de Campos de Carvalho, é oportuno lembrar que nem sempre os críticos que a ele não aderiram fizeram-no por meio de julgamentos malévolos. Não dúvida de que o autor figure entre aqueles cujo diálogo com o aparelho crítico foi muitas vezes desencontrado. Isto, a meu ver, ocorreu por vários motivos, dentre os quais se encontram razões que têm lugar naquela zona de conflito determinada por categorias nem sempre fáceis de serem avaliadas. Claro, a existência de uma crítica fundada em princípios nem sempre íntegros de negar não é impossível. Mas nem todas as vozes que se puseram em discordância com o escritor foram movidas pela impostura. Algumas das mais duras críticas à obra do escritor combateram em terreno honrado, bastando que citemos como exemplo o aqui já referido Fausto Cunha. Amigo pessoal de Campos de Carvalho, pelo menos até o momento em que escreveu um contundente artigo apontando *Vaca de Nariz Sutil* como uma tentativa falhada (*A vaca inexistente*). Na referida análise, Cunha ilustra bem o compromisso em externar discordância no campo específico das soluções estéticas, do valor literário mesmo; não fora dele. Isto já citei aqui.

Todavia, independente desse combate honesto ao qual me refiro, sempre pode haver também o outro lado. É o que apontou, por exemplo, Jorge Amado, num breve escrito que veio na *Obra Reunida*, onde cravou um pressuposto que fez escola. Ali,

Ilustração: Ibraim Rocha

afirmou Jorge Amado, e com todas as letras, que a renúncia do escritor descendia do fato dele ser "vítima de todas as perseguições políticas da direita e da esquerda". A inquietação em relação a essas palavras sempre alcançará os que se ocupam da pesquisa das fontes secundárias referentes ao autor. Mas o peso que pressupõem nunca foi validado por provas e motivos que corroboram a afirmação. A identificação de "perseguições ideológicas" como fato crucial para a rendição de Campos de Carvalho ao silêncio propõe outra discussão. Alguém até poderia dizer que tais impressões resultam da conhecida inclinação do escritor baiano em politizar o debate literário. Mas isto, por si, não exclui a necessidade de esquadrinhar a premissa. A julgar factíveis os termos propostos, eles abrem uma janela para uma investigação que ainda está por ser feita. Claro, não é um problema de pouca gravidade. Infelizmente não há espaço para debatê-lo aqui.

JUSTIÇA, VENDETA E O CONTRASTE ENTRE ÉSQUILO E HOMERO

ANDRÉ MALTA

É consenso entre os estudiosos que o quarto episódio da tragédia *Agamênon* de Ésquilo – a primeira da trilogia intitulada "Oresteia" – representa um dos pontos altos de uma peça repleta de passagens magníficas. Em certo sentido, a presença em cena da profetisa Cassandra, troiana agora escrava de guerra do líder grego, vem como que coroar o tom ominoso que marca de modo inigualável esse drama trágico. De fato, se a característica maior do *Édipo rei* de Sófocles talvez seja sua trama tão bem concatenada (como notou Aristóteles na *Poética*), e a das *Bacantes* de Eurípides seja a própria teatralização – para restringirmos a comparação aos textos mais significativos do gênero no século V a.C. –, no *Agamênon* a nota dominante é, desde o princípio, com a fala do vigia, a atmosfera de desastre iminente, de um mal-estar que serve de antecipação para uma ruína terrível e incontornável. Nesse sentido, a ironia dramática, privilegiada largamente no teatro antigo, como sabemos, em detrimento da surpresa, ganha aqui força ainda maior, porque tem como meta não um reconhecimento tardio (das identidades, dos equívocos), mas a reafirmação de uma rede de desgraças que se supunha passada, superada pela vitória em Troia e o retorno das tropas, mas que insiste sinistramente em se sobrepor ao momento de júbilo.

Meu objetivo aqui é tomar uma fala de Cassandra nesse quarto episódio como ponto de partida para uma breve discussão sobre a maneira com que Ésquilo elabora os elementos míticos tradicionais numa visão geral e dominante que se amolda à própria construção trágica em três momentos, a chamada "trilogia", de que a "Oresteia" (formada por *Agamênon*, *Coéforas* e *Eumênides*) é o único exemplo a ter chegado até nós. Para que isso fique mais claro, pretendo abordar esse mesmo episódio mítico tal como aparece na *Odisseia* de Homero: seu uso, nesse épico bem anterior, com fins específicos, paradigmáticos, ajuda a sublinhar, pelo confronto, o contraste em relação ao que vemos na obra do tragediógrafo.

***

Como afirma Hugh Lloyd-Jones em seus comentários a esse episódio da peça (*Agamemnon by Aeschylus*. Prentice-Hall: Englewood Cliffs, 1970), Cassandra é o único personagem de toda a "Oresteia" que canta em cena (se encararmos os anapestos ditos por Clitemnestra como trecho mais recitativo do que propriamente musical). No entanto, caso desçamos aos detalhes formais, fundamentais no trecho para a criação de sentido, veremos que não temos aí simplesmente uma fala exaltada da profetisa. Primeiramente, no chamado "responsório lírico" (v. 1072-1177), há sim o contraste entre as falas cantadas dela e aquelas em trímetros jâmbicos do coro – numa inversão, contudo, do padrão trágico (segundo o qual o coro deve cantar e o personagem falar de modo "linear") –, que acaba culminando, dentro ainda do próprio responsório, na "contaminação" por parte dos perturbados coreutas (v. 1121). Em seguida, porém, Cassandra abandona a forma lírica, enigmática, e de forma mais direta e controlada revela o conhecimento que tem da maldição que assola o palácio de Agamênon. Trata-se do trecho que quero abordar aqui, e que apresento na tradução de Jaa Torrano (*Oresteia*. S.Paulo: Iluminuras, 2004):

> *O oráculo agora não mais através de véus*
> *estará fitando como recém-casada noiva*
> *e clareante vento parece que soprará leste*
> *de modo a marulhar qual vaga à luz do sol*
> *muito mais do que esta paciente dor,*
> *e darei instruções não mais por enigmas.*
> *Confirmai se conseguindo a pista farejo*
> *vestígios dos crimes outrora perpetrados.*
> *Um coro nunca abandona esta morada*
> *consoado, não suave, pois suave não fala.*
> *Para maior ousadia, bêbado de sangue*
> *humano, o bando perdura no palácio,*
> *cortejo difícil de sair, congêneres Erínies.*
> *Assíduas na moradia, hineiam num hino*
> *o primeiro error (áte) e uma após outra abominam*
> *o leito do irmão, hostis a quem o pisou.*
> *Falhei ou atinjo algo qual um arqueiro?*
> *Ou sou falsa adivinha mendiga faladeira?*
> *Sê testemunha jurada de que conheço*
> *os prístinos desacertos deste palácio.*
> (v. 1178-1197)

A passagem é importante, entre outros motivos, por causa da explicitação do tema da vendeta familiar, dos "prístinos desacertos": a presença no palácio do "bando" das Erínies, "bêbado de sangue" e "difícil de sair", que "hineia(m)... o primeiro error". De maneira brilhante, mesclando a linguagem oracular à da caça, dos tribunais e do próprio teatro, Ésquilo produz uma fala que indica que o derramamento de sangue, desde a desgraça inaugural (referida em "o leito do irmão"), não terá fim. Para a audiência e para o coro, as indicações são de fato claras: trata-se do episódio em que Tiestes seduziu a mulher do irmão Atreu (o pai de Agamênon), e como vingança viu serem servidas num banquete as carnes dos próprios filhos, à exceção de um (Egisto). Esse "festim de Tiestes com carnes de crianças" (v. 1242) terá sua continuação, como diz ainda Cassandra, na trama de "um leão covarde a rolar no leito,/ caseiro, contra o recém-vindo senhor" (v. 1224-1225) – alusão à morte iminente de Agamênon pelas mãos da esposa, Clitemnestra, agora amante de Egisto. O elo fundamental nessa cadeia de crimes, como se sabe, é o sacrifício de Ifigênia pelo pai (quando da partida para Troia), já apresentado no párodo lírico da peça (v. 104-257), em que o coro desempenha uma de suas funções tradicionais – de retomar, de modo narrativo, os acontecimentos anteriores à ação da peça.

Ora, é possível afirmar que o tema da maldição familiar, enunciado aí de maneira inequívoca – e que percorre toda a "Oresteia" até sua resolução por meio de um "processo legal", nas *Eumênides* – encontrou na forma tripartite e seriada um molde perfeito, não só porque esta forma permitiu, segundo notou Lloyd-Jones, que se explorasse o desenvolvimento "de uma história de assassinato, vingança e contravingança por meio de três gerações", mas também "a lenta mas inexorável ação da justiça divina" (*ob.cit.*, p. 1).

É sabido, por outro lado, que nesse contexto de maldição familiar age também um elemento de excesso humano, segundo o esquema da piedade arcaica tradicional – a saciedade (*kóros*) leva à soberba (*húbris*) e esta à ruína (*áte*) –, de tal forma que pelo sofrimento vem o conhecimento (*páthei máthos*, v. 177), como vem dito, não por acaso, num hino do coro dirigido a Zeus. Sob essa ótica da injustiça, associada à sua permanência na família, o coro já dissera no segundo estásimo:

> *soberba (húbris) antiga sói*
> *parir soberbia nova*
> *entre os males dos mortais*
> *cedo ou tarde, ao vir*
> *o dia próprio do parto:*
> *o nume indômito invicto,*
> *a ímpia audácia*
> *da negra fúria (áte) no palácio*
> *parecida com seus pais.*
> (v. 763-771)

Nesse quadro, o anúncio da peça seguinte ao final do *Agamênon* (*Coéforas*, que narra o assassinato de Clitemnestra pelo filho, Orestes), no momento em que o coro manifesta esperança de "um nume conduzir Orestes para cá" (v. 1667), aponta para o entrelaçamento da forma e do conteúdo: a vendeta trabalha com crimes sucessivos, por etapas. Nada mais conveniente do que se adotar um formato, a trilogia, que permita a exploração desse enfoque temático, como Ésquilo igualmente fez com o Ciclo Tebano, conforme se pode depreender da única peça que até nós chegou da trilogia original, *Os Sete contra Tebas*. O "coro que nunca abandona" a família, o coro da Erínies, de certa forma corresponde ao coro que deve voltar na apresentação das outras peças – e que, ao fim, será formado pela próprias Erínies.

Em Sófocles, com o desuso da estrutura triádica, já podemos ver como esse enfoque temático perde importância: a vendeta familiar em uma única só peça, se apresentada em mais de uma geração, romperia com a unidade dramática; por outro lado, se apresentada em uma única geração (com alusões às outras), deixaria de ter todo o seu alcance dramático e teológico. Naturalmente, não podemos determinar o que se impôs primeiro a Ésquilo, o formato em três peças contínuas ou o tema do sangue que sucessivamente se derrama dentro da família. Podemos, contudo, afirmar com um mínimo de segurança que a valorização da vendeta, em relação a esse episódio mítico, representa uma vontade de enxergar sob um ângulo específico, não obrigatório, as histórias envolvendo as gerações de Atreu/Tiestes e, principalmente, Agamênon/Egisto e Orestes.

***

A esse respeito, vale a pena, a título de conclusão, fazer uma breve comparação com a *Odisseia* de Homero, onde o assassinato de Agamênon por Clitemnestra e a vingança de Orestes representam, respectivamente, um contraexemplo e um exemplo para Odisseu e Telêmaco. As informações principais – fornecidas sempre de modo indireto – e vem na chamada "Telemaqueia" (Cantos 1 a 4) e no episódio em que Odisseu conversa com os mortos, entre os quais figura Agamênon (Canto 11). Pelo que se pode depreender da leitura dessas passagens, os dados com que trabalho Homero são os seguintes: Agamênon, ao partir, deixou um aedo vigiando a esposa; Clitemnestra foi para a casa de Egisto; Agamênon lá chegou depois de uma tempestade, em seu retorno de Troia, e foi morto pelo primo "como um boi no estábulo"; e Cassandra, que veio junto com o rei, foi morta por Clitemnestra. A informação mais importante, contudo, vem logo no início do poema. Para exemplificar a atitude humana típica – de culpar os deuses por suas desgraças, quando os próprios homens, com seus comportamentos, respondem pelas dores que têm "além do quinhão" (*hupèr móron*) –, Zeus relembra o caso de Egisto: Hermes o avisara, sem sucesso, sobre as consequências de cortejar Clitemnestra e matar Agamênon – seu filho, Orestes, voltaria para vingar o pai:

> Opópoi, como os mortais de fato culpam os deuses!
> Pois de nós, dizem, os males lhes vêm – mas são eles mesmos
> que por seus atrevimentos além do quinhão têm dores,

> tal como também Egisto além do quinhão casou-se
> com a cortejada esposa do Atrida e à volta o matou,
> ciente do fim abissal, já que antes nós lhe dissemos,
> enviando até ele Hermes, o vigilante Argicida,
> para não matá-lo e não lhe cortejar a mulher,
> "pois de Orestes partirá a vingança pelo Atrida
> assim que se tornar moço e ansiar por sua terra".
> Assim disse Hermes, mas não ao espírito de Egisto
> persuadiu (pensando o bem) – e pagou por tudo junto.
> (*Od. 1*, 32-43)

Como o filólogo de língua alemã Uvo Hölscher defendeu num trabalho da década de 60 (a meu ver, de modo bastante convincente), as mesmas duas coordenadas centrais da história estão presentes tanto na *Odisseia* quanto na "Oresteia", quais sejam: a cumplicidade do casal Egisto e Clitemnestra no assassinato de Agamêmnon, e a volta do filho Orestes com o objetivo não apenas de matar o amante, mas a própria mãe. Ou seja, Homero e Ésquilo não estariam trabalhando, rigorosamente, com versões divergentes da mesma história. A diferença, na realidade (descontado o próprio fato de que num poema a história é central e, no outro, incidental), residiria no tratamento dado a essas coordenadas comuns: não só na *Odisseia* o protagonista do crime, como Zeus já destaca no início, é Egisto (e não Clitemnestra), mas ainda o assassinato da mãe – e, portanto, os crimes familiares em cadeia – não merece destaque.

Assim como a ênfase dada à vendeta se ajustava, no caso de Ésquilo, à possibilidade de um desenvolvimento dramático mais profundo, que por sua vez se casava harmoniosamente com uma estrutura tríptica, no caso de Homero sabemos como ela podia contaminar negativamente a comparação com Odisseu-Telêmaco. Na correspondência criada pela *Odisseia*, convinha marcar mais a aproximação entre Egisto e os pretendentes do que uma contraposição radical entre Clitemnestra e Penélope (a contraposição está lá, mas, sabemos, coexiste com um sentimento de desconfiança geral em relação à mulher), e que, em seu desfecho feliz, sem traição da esposa, a vingança (do filho, junto com o pai) fosse uma solução definitiva. Daí, provavelmente, o desinteresse em mostrar um Orestes que fosse, ele mesmo, perseguido pelas Erínies vingadoras: como apresentar o estabelecimento da justiça por parte de Odisseu e de seu filho, quando essa justiça pode ser vista ela própria como excessiva? De certa forma, seria como transportar para o épico a problemática visão geral relativa a Agamênon na peça homônima: grande executor da justiça de Zeus em sua destruição de Troia, mas igualmente criminoso pelo excesso de sangue derramado, o que pede, por sua vez, mais sangue (o tapete vermelho que Clitemnestra estende para ele em sua chegada pode ser tomado como imagem sintética e simbólica desses três momentos).

É verdade que, na *Odisseia*, a reação dos familiares dos pretendentes à chacina brutal levada a cabo por Odisseu parece conduzir a um movimento afim ao da "Oresteia". Como sabemos, é a intervenção "ex machina" de Atena, a mando de Zeus, que estabelece a paz política e a justiça, nos versos finais do Canto 24. Dentro desse propósito narrativo da *Odisseia* – presidido pela mesma visão teológica que encontramos nos "restos do banquete homérico" –, explorar, em seu paradigma central, o tópico da vingança familiar, parece algo contraproducente.

Voltando a Ésquilo, é possível dizer que, desse rápido contraste, talvez ressalte a reflexão sobre os desdobramentos que a forma teatral trouxe para o tratamento dado aos temas tradicionais. O diálogo ou "imitação" como modalidade única; a extensão bem mais restrita; o desenvolvimento de uma mesma ideia em uma só peça, ou em três sequenciais: o drama, com sua apresentação direta da ações, pôde reexplorar histórias conhecidas sob novos ângulos, na comparação com Homero e entre os próprios tragediógrafos.

Antígona: a justiça moral e o valor da sabedoria

MARLISE SAPIECINSKI

Eu não acreditava que os éditos humanos tivessem força suficiente para conferirem a um mortal a faculdade de violar as leis divinas, que nunca foram escritas, mas são imutáveis. (Antígona – Sófocles)

INTRODUÇÃO

A epígrafe acima, que traduz parte do diálogo imortal em que Antígona defende a lei dos deuses contra a lei humana de Creonte, é uma pequena amostra da postura assumida pela heroína de Sófocles, ao enfrentar a tirania com indomável firmeza, opondo os ditames da consciência à razão de Estado e à lei política, mesmo sabendo que tal atitude lhe vai trazer uma condenação terrível. Mais do que a defesa de um código contra outro, na verdade, o que Antígona essencialmente faz é entregar todo o seu ser pela honra de seu irmão, pois entende que este é o seu dever.

Verdadeiro monumento na história da humanidade, *Antígona* é uma prova significativa de que, embora já não seja possível olhar a obra literária do modo como se fazia à época de Sófocles, visto que certos detalhes de suas tragédias parecem ininteligíveis ao leitor moderno, a civilização grega, com todo o seu imaginário mitológico e aparato cultural, alicerçado na justiça, na beleza e no equilíbrio, ainda hoje provoca uma espécie de *deslumbramento* naqueles que se aventuram em atravessar as ondas do passado, projetando-as sobre o futuro.

Por essas razões, *Antígona* representa, para muitos, o ponto culminante não só da obra de Sófocles, mas, provavelmente, de toda a tragédia clássica da antigüidade: *le lys de l'art antique*, como a chamou Henry Bordeaux; uma das mais sublimes e, sob todos os aspectos, mais consumadas obras de arte criadas pelo esforço humano, como atestou Hegel. Símbolo da devoção ao grupo familiar, Antígona é aquela que, resolutamente, declarou: *Não nasci para odiar, mas sim para amar* (524)[1].

Depois de servir de apoio ao cego e miserável Édipo, seu desgraçado pai, já destituído do poder e despojado da honra, Antígona assume o destino de pertencer a uma estirpe impura, filha daquele que, sem saber, matou o pai e casou-se com a própria mãe, tornando-se rei de Tebas. Escutando somente os preceitos da lei religiosa, que incide sobre a lei do sangue, que,

---

[1] Com exceção da epígrafe, cuja tradução é de Fernando Melro (Portugal: Editorial Inquérito, 2000, 5. ed.), todas as demais citações do texto de Sófocles referem-se à tradução de Maria Helena da Rocha Pereira (Coimbra: Instituto Nacional de Investigação Científica, 1992, 3. ed.).

por sua vez, manda dar sepultamento honrado aos membros da família, Antígona desafia a lei do Estado, entregando a própria vida em holocausto, para poder prestar os deveres fúnebres a seu irmão Polinices, condenado por Creonte a servir de pasto aos cães e abutres, numa punição infame *post-mortem,* por sua rebeldia contra a própria pátria. Na luta que Polinices trava com seu irmão Etéocles pela sucessão do trono de Tebas, ambos sucumbem, um ao outro matando, no campo de batalha. Quando o drama principia, o édito real acaba de ser proclamado.

Ao agir de modo a encarar seu próprio destino, opondo-se à vontade do rei, a jovem princesa acaba provocando o desencadeamento de ações que resultam na ruína de seu opositor, derrubado pela inconseqüência de seus atos tirânicos. Na verdade, a sentença de morte da filha de Édipo repercute, sucessivamente, não só no aniquilamento de Creonte, a quem a sabedoria chega tarde demais, depois de consumado o infortúnio, mas também no suicídio de Hémon e de Eurídice, sacrificados à obstinação daquele que foi vítima de sua própria cegueira.

Presa à maldição impiedosa que caiu sobre todos os descendentes de Lábdaco, em *Édipo em Colona* Antígona lamenta o seu destino e o de sua irmã Ismênia, aludindo à pesada herança que lhes ficava, após a morte do pai infeliz, que as gerara no ventre da própria mãe, no mais abominável incesto. A tímida e submissa Ismênia não herdará, contudo, a mesma determinação da irmã. Na tragédia que ostenta seu nome, Antígona ressente-se de sua falta de iniciativa, ao aceitar sua fraqueza face ao édito de Creonte, e prenuncia a decisão que por sua vez tomou: *Sim, a esse irmão que é meu e teu, ainda que o não queiras. Não me acusarão de o ter atraiçoado* (45-6). Levada assim às últimas conseqüências, a trágica devoção da desventurada filha de Édipo atinge uma sublimidade inigualável, tanto pela dedicação e renúncia, quanto pela integridade de sua figura.

UMA NOVA PROPOSTA DE LEITURA

O que, entretanto, foi até agora enfatizado, e que se encontra de alguma forma em evidência na maioria das leituras de *Antígona*, muitas vezes acaba desviando a atenção do que subjaz à devoção da jovem à memória do irmão ultrajado, fato um tanto elementar para servir como único pano de fundo da peça, ainda mais se considerarmos a sutileza do pensamento de Sófocles. A rigor, é num plano mais complexo que se vai desenrolar, em toda a sua extensão, o conflito verdadeiramente trágico. Está-se falando da luta, fatal para ambos, travada entre Antígona e Creonte. Dessa luta sem tréguas resultam todas as conseqüências trágicas que, antes de alterarem o destino dos protagonistas, efetivamente o confirmam.

Diversas foram as leituras desse confronto. Hegel, por exemplo, e com ele vários críticos alemães, examinando sobretudo o conflito entre a lei humana e a lei divina, acentuaram uma oposição essencial, que consiste no contraste diferenciador entre o caráter do homem, levado a esquecer-se de si próprio, a conceber os fatos a partir do geral, do abstrato, e o caráter da mulher, que, de modo contrário, fechada em sua existência particular, concentra toda sua paixão nos objetos sensíveis e concretos. Elevando-se às relações gerais, à vida social, o homem compreende as razões de Estado, enquanto a mulher, não se elevando acima do sentimento, não consegue discernir mais do que as relações sensíveis, as afeições familiares: *A l'homme la politique, à la femme la piété,* como observara J. Bousquet[2], na sua edição clássica de *Antígona,* não deixando de rejeitar esse tipo de posição, apesar de reconhecer-lhe a *profundeza de análise.*

Por seu turno, Fonseca Pimentel procurou igualmente de-

---

[2] Cf. *Antígone,* édition classique par M. J. BOUSQUET. Introduction. Paris: J. de Gigord, Editeur, 1938.

monstrar que interpretações dessa natureza são incapazes de resistir à uma análise mais profunda, uma vez que *o conflito que ali se estabelece não é, em verdade, somente entre Antígona, a mulher, e Creonte, o homem. Às razões de Estado que este concebeu se opõem, não só Antígona, mas também Tirésias, o adivinho, e o próprio filho de Creonte, Hémon. Mais do que isso. Todos os tebanos, sem distinção de sexo, condenam, no íntimo, a atitude do rei e externariam os seus sentimentos 'si la crainte ne leur fermait la bouche'. 'Car – acrescenta Antígona – la royauté, entre autres privilèges, peut faire et dire ce qu'il lui plaît'.*[3]

Com efeito, defendendo Antígona da acusação de rebelde, que lhe fora imputada por Creonte, Hémon fá-lo saber: *Não é isso que afirma o povo unido de Tebas* (733). A partir daí, é difícil não reconhecer que se tem razões suficientes para constatar que Creonte se encontra absolutamente só, divorciado tanto de seu povo quanto dos que lhe são mais próximos. Arbitrária e despótica mostra-se a sua atitude. E ainda que acredite na legitimidade de sua decisão, seu juízo confiante estava errado, visto que a razão o atraiçoa.

Ora, o conflito que aí se estabelece ultrapassa, com a permissão de Hegel e seus seguidores, o confronto entre o homem e a mulher, ou, num sentido mais amplo, o choque do direito familiar com o da cidade, para atingir proporções de outra natureza, que implicam, em última instância, em relações bem mais complexas, envolvendo conceitos como os de moralidade, legalidade, justiça, liberdade e poder, que incidem igualmente sobre as esferas pública e privada.

Longe de ser uma questão entre homens e deuses, como no *Prometeu Agrilhoado* de Ésquilo ou em *As Bacantes* de Eurípides, o conflito apresentado por Sófocles é inteiramente humano. Desse

---

[3] PIMENTEL, A. Fonseca. "Antígona". In: *Machado de Assis e outros estudos*. Rio de Janeiro: Pongetti, 1962, p.179.

modo, mais do que apresentar situações trágicas, interessou-lhe focalizar de preferência caracteres. As figuras que protagonizam o drama são delineadas em conformidade com o sentido que se procura extrair de suas ações. Tudo o que forma o caráter de Antígona a impele a desafiar o édito de Creonte. Tudo o que forma o caráter dele o impele a exigir que suas ordens se cumpram. A espécie de conflito que se trava entre ambos define e configura a identidade de cada um deles. Assim, embora contrastem entre si, e pareça evidente o afirmado desacerto da determinação de Creonte, numa das mais recentes interpretações dessa tragédia, Trindade dos Santos defende a tese de que, por diferentes razões, *ambos os heróis pecam. Creonte, contra os deuses; Antígona, contra a cidade. E assim, dado o conflito dos poderes que se digladiam, as suas faltas como que se potenciam, perante a indiferença dos poderes a que se aliam. A Antígona de nada servem os deuses; a Creonte, o precário apoio que começa por colher da cidade. O diferendo poderia ficar por aqui. Mas Sófocles acrescenta uma não pequena qualificação. É que embora os homens possam agir com correção, o mal sobrevirá quanto mais não seja pelo fato de as leis divina e humana se poderem achar em discordância.*[4] Parece ser esta a autêntica dimensão trágica da peça: de uma forma ou de outra, o ônus acaba sempre por cair sobre a cabeça dos homens. E evidentemente com mais conseqüências sobre a cabeça daqueles que detêm o poder.

Trindade dos Santos efetivamente sugere que o conflito entre Antígona e Creonte se assume nos planos divino e político. Primeiro, pela integral consagração da jovem às divindades ctônicas, isto é, à *Justiça que coabita com os deuses infernais*, como ela mesma se refere. Segundo, pela sua intrusão no espaço público,

---

[4] SANTOS, José Gabriel Trindade dos. "A natureza e a lei: reflexos de uma polêmica em três textos da Grécia clássica". In: *Estudos sobre Antígona*. Portugal: Inquérito, 2000, p.86.

saindo da clausura do privado a que sua condição feminina a condenava - *a estas faltas da heroína corresponde Creonte com o desrespeito pelos direitos da morte e a pretensão de legislar publicamente sobre o espaço privado da piedade.*[5] Agindo do modo como agiu, Antígona atenta não só contra os vivos e contra os deuses Olímpicos, ao se entregar exclusivamente às divindades subterrâneas, mas também contra a cidade, uma vez que traz para o espaço *público* a piedade que lhe cumpria assumir apenas no espaço *privado* da casa de Creonte, como, pelo contrário, o fez Eurídice, quando tira a própria vida diante do altar da casa. Enforcando-se, pois, na caverna onde foi condenada a morrer, Antígona oferece-se inteiramente aos deuses a quem consagrou sua vida: *É mais longo o tempo em que devo agradar aos que estão no além do que aos que estão aqui. É lá que ficarei para sempre* (75-7), diz ela em diálogo com Ismênia, logo no início da peça. E mais adiante acrescenta: *Tu tens vida, ao passo que a minha acabou há muito, para servir os que morreram* (559-60).

Por outro lado, não se pode esquecer que, numa peça destinada à representação pública, de modo diferente do que ocorre num texto literário, a presença do público deve ser considerada, de modo que há que se atentar também, apesar da improbabilidade de uma resposta segura nesse sentido, para o tipo de mensagem que Sófocles queria que os atenienses compreendessem, considerando-se que o teatro, na Grécia clássica, tinha sobretudo a função de fornecer aos cidadãos a educação e a oportunidade de debate que nenhuma outra instituição lhes podia proporcionar. É evidente que a questão é bem mais complexa do que se desprende de sua simples formulação.

Nesse sentido, não foram poucos os estudos, principalmente ao longo dos séculos XIX e XX, que procuraram sugerir o

---

[5] Ibid., p.105.

modo como a peça deveria ser lida. O certo é que a interpretação hegeliana, dominante no século XIX, recebeu, no século XX, uma série de ataques, acirrando o debate em direção a outras possibilidades de entendimento, o que, na maioria das vezes, não passou do terreno das conjecturas. De qualque maneira, mesmo frente ao considerável número de interpretações discordantes, para críticos como Maria Helena da Rocha Pereira[6], a leitura de Hegel continua sendo sem dúvida uma das melhores.

Quanto à posição de Creonte diante da assistência, Trindade dos Santos[7] dirá que é possível presumir que, inicialmente, seus propósitos de defesa da justiça tenham-lhe granjeado a simpatia do público. Nada se passa nos primeiros diálogos, de que participam Antígona e Ismênia, que o leve a mudar de opinião, uma vez que, aos olhos do povo ateniense, são apenas mulheres a se aventurarem por caminhos e espaços que não podem pisar. A mudança efetivamente se faz notar a partir do momento em que Hémon entra em cena e, num admirável diálogo, troca com o pai as palavras que selam o destino do tirano:

> CREONTE: *E a cidade é que vai prescrever-me o que devo ordenar?*
>
> HÉMON: *Vês? Falas como se fôsses uma criança.*
>
> CREONTE: *É portanto a outro, e não a mim, que compete governar este país?*

---

[6] Cf. PEREIRA, Maria Helena da Rocha. *Estudos de História da Cultura Clássica*, I vol. – *Cultura Grega*. 8. ed. Lisboa: Fundação Calouste Gulbenkian, 1998. Entre as interpretações discordantes, Maria Helena R. Pereira lembra a de Pohlenz (*Die griechische Tragödie*, Göttingen, 1954, 2 vols.), *que entende que, se o autor quisesse mostrar Creonte como representante de um princípio justo, não teria feito tudo para lhe retirar a nossa simpatia durante o conflito, e que o que Sófocles faz é 'transferir o total da esfera da legalidade para a da moralidade, das limitações do ritual para a religiosidade, chegando ao puramente humano'*; e a de B. M. W. Knox (*The Heroic Temper – Studies in Sophoclean Tragedy*, Berkeley, reimpr. 1966), que prefere ver na tragédia *a luta entre a 'polis' e a família* (p.423-424).

[7] Cf. SANTOS, José Gabriel Trindade dos. Op. Cit.

> HÉMON: *Não há Estado algum que seja pertença de um só homem.*
>
> CREONTE: *Acaso não se deve entender que o Estado é de quem manda?*
>
> HÉMON: *Mandarias muito bem sozinho numa terra que fosse deserta* (734-9).

Com palavras serenas e cordatas, a princípio, e revoltadas, por fim, Hémon procura fazer o pai voltar atrás de sua decisão. À argumentação ponderada e impecável do filho, demonstrando o possível engano do julgamento do pai, Creonte inicialmente só consegue revelar, numa frase espantosa, a medida do amor próprio ferido: *Com que então devo aprender a ter senso nesta idade, e com um homem de tão poucos anos?* (726-7). E nas intervenções seguintes, acima transcritas, esboça-se, de modo insofismável, o seu espírito absolutista e autoritário. A aproximação do castigo começa então a ser indicada, no final do diálogo: *Ela morre, mas ao morrer, causará a perda de alguém* (751), sentencia Hémon. Mas não para por aí. Com o afastamento do jovem, o Coro também passa a apresentar indeléveis sinais de hesitação, logo em seguida confirmados, na "Ode ao Amor", diante da presença transfigurada de Antígona, que, de mãos amarradas, entre dois servos de Creonte, suscita agora a piedade e a homenagem que o Coro abertamente lhe presta: *Mas ao ver isto, 'té eu sou levado p'ra fora das leis, das lágrimas não posso a torrente deter, quando vejo do tálamo a todos comum Antígona aproximar-se* (801-6). Mas é sobretudo com o adivinho Tirésias que se compreende a medida dos erros de Creonte, testemunhando-se o arrependimento de quem no espaço de poucas horas aprendeu o que uma vida inteira não lhe tinha ensinado

Partindo, na verdade, de uma posição razoável, Creonte deixa-se ludibriar pela insensatez de uma obstinação que acaba sendo-lhe fatal. Não há dúvidas que, para fazer valer sua autoridade e castigar as faltas de Antígona, Creonte poderia ter-se valido de outros recursos, sem precisar chegar ao extremo a que chegou. Outro também teria sido o seu fim se a ira não lhe tivesse embotado a razão, mantendo-o surdo às críticas que lhe eram dirigidas e cego às evidências que lentamente se iam espalhando pela cidade.

Concentrando a atenção na relevada importância do papel desempenhado por Creonte, não foram poucos os críticos que apontaram a dificuldade que surge de se ver em Antígona a personagem principal da tragédia de Sófocles. Nesse sentido, sugeriram que "Antígona e Creonte" teria sido um título mais justo. Considerando assim que o fecho da peça é, clara e deliberadamente, todo para Creonte, H. D. F. Kitto, por exemplo (contrariando uma crítica mais antiga, que, ao afirmar que a peça era, evidentemente, acerca de Antígona, punha-se a dar explicações satisfatórias para as últimas cenas), entende que *a última parte de* Antígona *não faz sentido até compreendermos que não há uma personagem central mas duas, e que das duas, a significativa, para Sófocles, foi sempre Creonte. Basta simplesmente olhar para os fatos dramáticos.*[8] Embora a tragédia de Antígona seja terrível, é ao mesmo tempo prevista e rápida, enquanto a de Creonte cresce diante de nossos olhos. Se Sófocles realmente nos convida a observá-lo, diz Kitto, Antígona deixa de ser a porta-estandarte das Leis Não Escritas e Creonte torna-se o principal *agente*. Seus são os defeitos e os méritos imediatamente relevantes para a

---

[8] KITTO, H. D. F. *A Tragédia Grega*, I vol. Trad. de José Manuel Coutinho e Castro. Coimbra: Armênio Amado, 1990, p.233. Assinalando a relevância da figura de Creonte, Kitto defende o princípio de que, *se Antígona é mais interessante que uma simples antítese de Creonte, ele é mais que o louco obstinado que a mata. Sófocles interessou-se pelo destino dele. É, se não cruel, pelo menos insensível; como um tirano, é rápido em suspeitar e não sabe como se transige. Mas tem a honestidade própria, a sua justificação própria e o senso próprio da responsabilidade* (p.240).

peça. De todo modo, como disse George Steiner, qualquer que seja o aspecto enfatizado, o certo é que *o fascínio de* Antígona, *a influência poética e política exercida pelo mito, são inseparáveis da presença de Creonte.*[9] O papel por ele desempenhado tem efetivamente dado lugar a uma reflexão não menos densa do que a provocada pela heroína.

Intuir, contudo, o sentido da mensagem que o poeta dirige à cidade e ao poder que a rege pressupõe, não obstante, a compreensão de aspectos que, mesmo para os estudiosos da cultura clássica, permanecem polêmicos. Na tentativa de ilustrá-los, pode-se mesmo cogitar acerca da função que a Ode que constitui o primeiro estásimo de *Antígona*, também conhecida como a "Ode ao Homem", assume no contexto geral da peça. Díspares têm sido as suas interpretações: *Se todos concordam em encará-la como uma das maiores criações da lírica coral grega, extenso é o desacordo sobre o seu sentido, possível destinatário, ou relevância na peça.*[10] Detendo-se demoradamente nessa parte da tragédia de Sófocles, ao analisar a polêmica que opõe a lei à natureza, em três textos da Grécia clássica – a referida Ode, o mito do *Protágoras*, de Platão, e a "Oração Fúnebre", de Péricles, registrada por Tucídides no II livro da *História da Guerra do Peloponeso* –, Trindade dos Santos procurou mostrar que a sua função é apresentar o conflito que opõe e acabará por destruir os dois protagonistas, tendo como pano de fundo a evolução da Humanidade: *Ao entregar-se à celebração dos feitos da raça humana, associando-os ao domínio das artes e técnicas e á aquisição da capacidade de expressão e comunicação, a "Ode ao Homem" inscreve-se numa*

---

[9] STEINER, George. *Antígonas*. Trad. Miguel Serras Pereira. Lisboa: Relógio D'Água, 1995.

[10] SANTOS, José Gabriel Trindade dos. Op. Cit., p. 79. *Em muitos comentadores*, diz o autor, *o desacordo acha-se condensado na tradução que adotam para o termo chave "ta deina". Por outro lado, alguns intérpretes defendem não haver em algumas tragédias uma relação forte entre as intervenções do Coro e a ação da peça.*

tradição progressista minoritária e restrita, na cultura grega. A tradição maioritária acentua, pelo contrário, a visão degeneracionista da História.[11]

O problema da interpretação da Ode, cujas dificuldades são de diversa ordem, concentra-se efetivamente no sentido da mensagem que dirige aos homens, já de início expressa de modo dúbio, através da expressão *ta deina*, que ocorre logo na primeira linha, e que, de acordo com Trindade dos Santos, tanto pode ser interpretada no sentido positivo (*maravilhas*), quanto no negativo (*coisas terríveis*), ou ainda apontando-se-lhe a ambivalência (*prodígios*). Para discerni-la, impõe-se a compreensão de seus argumentos: *A Ode inumera as conquistas do Homem. Começa por apontar o confronto constante com os antigos deuses: cruzando o Mar e trabalhando a Terra. Mas o titanismo do Homem manifesta-se ainda no domínio que exerce sobre os outros seres vivos, capturando as aves, animais selvagens e peixes, e domesticando o cavalo e o boi. A sua capacidade a tudo se estende: à fala, ao pensamento, e às normas que regulam as cidades, que aprendeu sozinho. Tal como a furtar-se à inclemência dos elementos: geada e chuva. Mostrando-se de tudo capaz, afronta o futuro, para tudo achando saída. Só à morte não escapa, embora já estude como vencer as doenças. A sua arte leva-o quer ao bem, quer ao mal. Se respeita a lei e os deuses é grande na cidade ("hypsipolis"). Fica, porém, fora dela ("apolis"), se incorrer no erro. E a Ode termina com a rejeição desse homem, associada à entrada de Antígona em cadeias, presa por ter infringido o édito de Creonte que proibia aos Tebanos o enterro dos cadáveres dos invasores da cidade (um dos quais é Polinices).*

Pode-se sem dificuldade dividir a Ode em duas partes: na primeira, a celebração dos feitos do Homem é coroada pela construção da cidade e limitada apenas pela impotência que não deixa

---

[11] Ibid.

de manifestar perante a morte. A segunda parte dá lugar à meditação sobre a instabilidade da condição humana. A ambivalência da técnica leva o Homem ao bem ou ao mal: ao poder na cidade, quando a usa, respeitando as leis humanas e divinas, e à expulsão, quando ousa incorrer em falta. A estrutura formal e material da Ode manifesta assim uma dupla tensão entre pólos opostos. O momento de exaltação inicial não só vem a ser compensado pela crítica, como a própria crítica revela que o mal a que o Homem fica sujeito decorre do bem que obteve. A técnica que antes o libertou será precisamente a causa da sua desgraça. A instabilidade ética do Homem é dada quase como mera conseqüência da ambivalência da técnica, que o fez grande depois o destrói.[12]

A grande questão que se coloca, e que a longa citação procurou evidenciar, envolve o tipo de lição que afinal se oculta por detrás dessa tensão. Questão que se torna tanto mais significativa se considerado o fato de que o que está em discussão é a adoção de uma perspectiva otimista ou pessimista na interpretação da Ode. Nesse sentido, se encarada de uma perspectiva progressista, como se entenderia a sombria meditação acerca da ambivalência da técnica e da instabilidade ética do Homem, com que a Ode termina? Por outro lado, se é justamente o final catastrófico que lhe confere sentido, como se explicaria o tom de celebração com que inicia?

A resposta a essas perguntas, na seqüência ainda do pensamento de Trindade dos Santos, esclareceria a referida tensão. Para todos os efeitos, a manutenção da ambigüidade, através da potenciação da intrínseca ambivalência da técnica pela instabilidade do Homem, de modo contrário à mera acentuação de somente um dos pólos em tensão, é a única que contribui para uma leitura coerente da Ode e, por extensão, da peça.[13] Daí a necessidade

---

[12] Ibid., p.81-82.
[13] Com efeito, muitos foram os autores que exploraram a ambigüidade da Ode. Entre eles, Trindade dos Santos lembra de M. Nussbaum (*The Fragility of Goodness*,

de examinar o modo como esta mensagem é exemplificada no decorrer das ações, acercando-se, para tal, das sinuosidades do conflito que opõe os dois protagonistas, pois uma coisa é ler a Ode fora do contexto da tragédia, outra, muito diferente, interpretá-la em estreita relação com o desenrolar da ação.

Se a decisão de expulsar Polinices da cidade, bem como a de punir Antígona por ter desrespeitado seu édito, é um direito que ninguém pode negar a Creonte, visto que sua decisão não é uma invenção original, nem surpreendente, uma vez que existem exemplos históricos que apoiam o princípio de sua atitude, ele erra, porém, pelo excesso a que é levado para defender sua posição, deixando que o conflito avance até às últimas conseqüências. É por conta desse excesso, pelo modo como a sua falta vai ganhando proporções cada vez mais incontroláveis, que Creonte é acusado e punido. Primeiro, porque simplesmente ignora as razões invocadas por Antígona. Segundo, porque ao ignorá-las desrespeita a lei divina, que encarrega um parente de enterrar os seus mortos, ofendendo assim os deuses. Terceiro, porque não ouvindo sequer o próprio filho, a quem por direito caberia

---

Cambridge, 1986) e de R. Bodeüs ("L'habile et le juste: de l'*Antigone* de Sophocle au *Protagoras* de Platon", *Mnemosyne*, 1984). Nesse sentido, a interpretação "prodígios", proposta por Maria Helena da Rocha Pereira, para a expressão *ta deina*, na sua tradução da peça (*Sófocles, Antígona*, Coimbra, 1984), adequa-se com particular felicidade a esta idéia. Por outro lado, há evidentemente os que preferem adotar outra posição, muitas vezes também ela ambivalente. Martin Heidegger, por exemplo, embora refira a citada ambigüidade, opta por acentuar os traços negativos da noção ("The Ode on Man in Sophocles' *Antigone*", in *Sophocles: A Collection of Critical Essays* – retirado de *An Introduction to Metaphysics*, Yale, 1959) . A ambigüidade da própria estratégia de Heidegger, aliás, permite-lhe explorar quase exclusivamente os traços pessimistas, sem se comprometer com uma tradução claramente negativa, como fará, por exemplo, Gilberte Ronnet ("Sur le premier Stasimon d'*Antigone*", REG 80, 1967), que aproveita apenas o sentido negativo de *ta deina* para inserir a Ode na temática tradicional do *phthonos* divino. E de um lado extremamente oposto a esta última perspectiva, C. Segal, por sua vez, adota uma posição otimista, cuja interpretação recupera no texto da Ode os pontos capitais da ação, em contraste à sobreinterpretação que faz Heidegger, sem procurar colher informações no contexto da *Antígona*.

trazer à razão e à ordem a prometida esposa, peca até mesmo contra o Amor fraternal, da mesma forma como quis obrigar Antígona a fazê-lo. Quarto, porque ao não dar ouvidos às palavras de Hémon, que em nome da razão procura inutilmente defender Antígona, alertando-o sobre a simpatia que a heroína granjeara entre os seus concidadãos, ignora inclusive a vontade do povo. Quinto, e último, porque atenta, acima de tudo, contra os deuses infernais, por deixar os mortos entre os vivos e enviar uma viva para os reino dos mortos.

Além disso, considerando-se o seu despotismo, claramente exposto no diálogo com Hémon, Creonte incorre em mais dois erros fundamentais, decorrentes daqueles: *O primeiro é a convicção de ser o Estado a única fonte de direito e de não haver nada, por conseguinte, 'acima' dele. O segundo consiste em admitir que o Estado pode interferir em todas as atividades humanas, quaisquer que sejam elas, e, conseqüentemente, em reconhecer que nada há 'fora' do Estado*[14]. E se nada há acima nem fora do Estado, nada poderá haver, portanto, *contra* o Estado. Fica assim valendo a primazia absoluta da política contra todos os demais valores da cidade. Ideologia contra a qual Antígona se insurge e prefere morrer a endossá-la.

Tantos erros impelem Creonte de encontro à maldição, da qual em vão tentara escapar. Assim, ao lado dos Labdácidas, todos, como ele próprio, destruídos, Creonte é mais um dos homens visados pela Ode, cuja sentença fatal só se torna ativa em contato com o poder, como conseqüência do exarcebamento do conflito que os opõe aos deuses.

---

[14] PIMENTEL, A. Fonseca. Op. Cit., p.181. Referindo-se às palavras de Thomas Mann (*Das Problem der Freiheit,* Stockolm, 1939), ao pensar a essência do espírito totalitário, Pimentel lembra que *a transformação da política em valor absoluto (das Absolutwerden der Politik), a sua ditadura total sobre o complexo humano, significa a morte da liberdade e destrói a civilização, tanto quanto a anarquia: em tal disposição se encontram o fascismo e o bolchevismo.*

Note-se, nesse sentido, o papel fundamental que a cidade e suas leis ocupam na tragédia de Sófocles, arrastando implacavelmente para a perdição a estirpe dos Labdácidas e todos os que a ela se associam. O mesmo poder que os eleva, expulsa-os da cidade, como se destituídos de autoridade (e em conseqüência longe do espaço onde efetivamente é possível exercê-la) a cadeia de maldição de repente se quebrasse.

CONCLUSÃO

Pensando, enfim, na *lição* final da peça, é saliente a idéia de que o sofrimento ensina, ainda que tarde demais, como o Coro não deixa de acentuar: *Para ser feliz, bom-senso é mais que tudo. Com os deuses não seja ímpio ninguém. Dos insolentes palavras infladas pagam a pena dos grandes castigos; a ser sensatos os anos lhes ensinaram* (1349-53). Esta é a situação à qual o infeliz Creonte, no espaço de um só dia, acaba reduzido – da mais altiva presunção a um lamentável estado de humilhação e solidão, aniquilado sobretudo pela dor da própria consciência, ao compreender as irrevogáveis conseqüências trágicas de seus atos. O seu juízo confiante estava errado. Nada pode repor-lhe a perda do filho, a cujos apelos se manteve surdo, e da mulher que amava, mas sempre ignorou nos momentos decisivos.

Se a sabedoria só vem com o sofrimento, sombrio é o destino humano. A concepção de progresso, transmitida pela "Ode ao Homem", traz consigo uma prudencial porção de pessimismo. Dessa ambivalência o homem não pode escapar. Quanto mais alto se eleva, mais grave se torna a queda, se não aprender a contornar a imperfeição e a instabilidade de sua natureza. Dolorosa é a sorte que lhe é reservada, apesar de suas ousadas conquistas e de seu desejo de acertar. Já não há deuses em cena prometeicamente oferecendo tochas fulgurantes, que lhe permitam o aperfeiçoamento de técnicas de sobrevivência. O homem está sozinho na cidade e sozinho tem que aprender a lidar com as leis que criou, e com as quais não é capaz de conviver em paz. Assim foi com Creonte, vítima da dureza da lei que cega e obstinadamente quis impor, tanto aos outros como a si mesmo. É por uma racionalidade imperiosa, incapaz de transigir, que ele se deixa arrastar para a desrazão e para a autodestruição.

A lei moral grega ensina que a temperança é uma virtude que somente se adquire pela vida, evitando radicalidades e extremos. Ensinamento que Antígona e Creonte só aprendem quando transformados pela experiência dolorosa. É preciso saber ver as mediações e a hierarquia existentes entre a lei divina e a lei dos homens. Age mal todo aquele que não compreendê-las. Antígona, desconhecendo e desrespeitando a lei dos homens, paga a sua ação com a morte. Creonte, absolutamente convicto da legalidade de suas prerrogativas, paga a sua ação com o sacrifício do filho e da mulher amada, sendo, por fim, forçado a admitir a vigência simultânea das duas leis, a dos deuses e a dos homens.[15]

Parece ser essa a advertência que o poeta se esforçou em transmitir aos homens de seu tempo, referindo-se, mais do que qualquer outro, à necessidade de sabedoria e bom senso. Advertência, é preciso que se diga, mais do que nunca atual, principalmente se entendermos o profundo sentido de dignidade que, para além da grave beleza, as peças de Sófocles nos legaram.

---

[15] Cf. FREITAG, Barbara. *Itinerários de Antígona:* a questão da moralidade. 2. ed. Campinas, SP: Papirus, 1997.

MESTRE GRAÇA

*Há 81 anos, em 1934, Graciliano Ramos
publicava seu segundo livro, o romance
S. Bernardo, e se consagrava como um dos
maiores prosadores da literatura brasileira*

RONIWALTER JATOBÁ

Em 1934, Graciliano Ramos publicava o seu segundo livro (*S. Bernardo*, Editora Ariel, RJ). Vinha depois do romance *Caetés* (Editora Schmidt, RJ, 1933). Nascido em 27 de outubro de 1892, em Quebrangulo, Alagoas, Velho Graça, ou Mestre Graça, como o chamavam carinhosamente, se consagrou como um dos mais importantes escritores da moderna prosa brasileira.

Era o mais velho dos 15 filhos de um casal sertanejo de classe média. "Meu pai, Sebastião Ramos, negociante miúdo, casado com a filha dum criador de gado, ouviu os conselhos de minha avó, comprou uma fazenda em Buíque, Pernambuco, e levou para lá os filhos, a mulher e os cacarecos", lembrou o escritor anos mais tarde. "Ali a seca matou o gado – e seu Sebastião abriu uma loja na vila, talvez em 95 ou 96. Da fazenda conservo a lembrança de Amaro Vaqueiro e de José Baía. Na vila conheci André Laerte, cabo José da Luz, Rosenda lavadeira, padre José Ignácio, Filipe Benício, Teotoninho Sabiá e família, seu Batista, dona Marocas, minha professora, mulher de seu Antônio Justino, personagens que utilizei anos depois".

Graciliano fez os estudos secundários em Maceió, capital alagoana, mas não cursou nenhuma faculdade. Em 1910, foi morar em Palmeira dos Índios, onde seu pai era comerciante. Em 1914, após uma rápida passagem pelo Rio de Janeiro, onde trabalhou como revisor, voltou à cidadezinha. A partir daí, começou a vida política e jornalística. Foi prefeito do município entre 1928 e 1930 e ali escreveu seu primeiro romance, *Caetés*.

De 1930 a 1936, morou em Maceió, onde era responsável pela direção da Imprensa e Instrução do Estado. Foi nesse período que produziu os romances *São Bernardo* e *Angústia*. O primeiro é marcado pelo sentimento de propriedade que move seu personagem principal, Paulo Honório, cuja obstinação é tornar-se fazendeiro. Depois de alcançar seu objetivo, Paulo propõe-se a escrever um livro, narrando sua experiência, e, por outro lado, não consegue encontrar uma justificativa para o desmoronamento de seu casamento com Madalena, que se mata. Já em *Angústia* conta-se a história de Luís da Silva, que é fruto de uma sociedade rural em decadência e carrega consigo nojo pelos outros e por si mesmo. Tímido, aproxima-se de sua vizinha, Marina, e pede-a em casamento. No entanto, surge Julião Tavares, o oposto de Luís da Silva, rico e ousado. Resultado: Marina é seduzida por Julião e Luís estrangula o rival. De acordo com os críticos, o clima de opressão do romance e o drama vivido por Luís da Silva fazem do romance um estudo sobre a frustração.

Em 1936, devido a suas posições políticas contrárias ao governo de Getúlio Vargas, Graciliano foi preso e deportado para o Rio de Janeiro. O escritor narra essa experiência no seu livro testemunho: "Memórias do Cárcere". Solto, permaneceu no Rio, onde continuou o seu trabalho literário. Em 1938, escreveu sua obra-prima, *Vidas Secas*, onde se narra a história de uma família e sua cachorra Baleia perambulando pelo sertão nordestino, numa tentativa de fugir da miséria da caatinga tórrida e agreste.

No final da Segunda Guerra Mundial, em 1945, Graciliano Ramos já era considerado um dos maiores romancistas brasileiros. Nesse mesmo ano, ingressou no Partido Comunista Brasileiro. Segundo o escritor e professor Dênis de Moraes, Graciliano fez parte de uma geração de intelectuais que, após a derrocada do Estado Novo, mergulhou de corpo e alma na militância política, muitos deles filiando-se ao PC. A ideia de que, com a vitória dos aliados na Segunda Guerra Mundial, o mundo poderia ser repensado em bases mais igualitárias passou a identificar-se com as propostas socialistas. A missão social do artista consistiria em produzir obras e reflexões comprometidas com as causas populares. Dessas convicções partilhavam escritores como Graciliano, Jorge Amado, Aníbal Machado, Astrojildo Pereira, Álvaro Moreyra, Dalcídio Jurandir, Dionélio Machado, Moacir Werneck de Castro e Caio Prado Júnior; e artistas plásticos como Cândido Portinari, Di Cavalcanti, Carlos Scliar, Djanira, José Pancetti, Israel Pedrosa e Bruno Giorgi.

Observação e vivência são presenças marcantes nos livros de Mestre Graça. A preocupação com os problemas sociais do povo brasileiro, especialmente do nordestino, foi sempre o traço primordial de sua obra. Assim, o escritor definiu a sua literatura à irmã Marili Ramos de Oliveira, aprendiz de ficcionista, em novembro de 1949: "Só conseguimos deitar no papel os nossos sentimentos, a nossa vida. Arte é sangue, é carne. Além disso, não há nada. As nossas personagens são pedaços de nós mesmos, só podemos expor o que somos".

Para o crítico Tristão de Athayde, Graciliano era "um homem íntegro e ficará na história de nossas letras como a imagem do escritor em sua mais pura expressão. Isto é, de homem e de obra incorporados numa mensagem e num exemplo em que a beleza estética da obra e a pureza moral do homem constituem um monumento perene em nossa cultura de todos os tempos".

Em 1951, Graciliano foi eleito presidente da Associação Brasileira de Escritores. Um ano depois, viajou para a então URSS e visitou outros países socialistas, o que resultou no livro *Viagem*. Faleceu de câncer em 20 de março de 1953, aos 61 anos de idade, no Rio de Janeiro.

O MANDAMENTO DO ESCRITOR

"Deve-se escrever da mesma maneira como as lavadeiras lá de Alagoas fazem seu ofício. Elas começam com uma primeira lavada, molham a roupa suja na beira da lagoa ou do riacho, torcem o pano, molham-no novamente, voltam a torcer. Colocam o anil, ensaboam e torcem uma, duas vezes. Depois enxáguam, dão mais uma molhada, agora jogando a água com a mão. Batem o pano na laje ou na pedra limpa, e dão mais uma torcida e mais outra, torcem até não pingar do pano uma só gota. Somente depois de feito tudo isso é que elas dependuram a roupa lavada na corda ou no varal, para secar. Pois quem se mete a escrever devia fazer a mesma coisa. A palavra não foi feita para enfeitar, brilhar como ouro falso; a palavra foi feita para dizer."

UM POLÍTICO SÉRIO

Durante os anos de 1929 e 1930, Graciliano Ramos enviou dois relatórios sobre a sua atuação à frente da prefeitura de Palmeira dos Índios ao governador do Estado. Ao ter conhecimento destes relatos, o poeta e editor Augusto Frederico Schmidt suspeitou que o autor devia ter um romance na gaveta e manifestou desejo de editá-lo. Seduziu-o a linguagem nada burocrática, mas criativa e com "o fel da ironia". Incluídos no livro *Viventes das Alagoas*, seus balanços administrativos (veja trechos abaixo) são exemplos de como o administrador deve ser honesto com o dinheiro público.

"Exmo. Sr. Governador: Trago a V. Ex.ª um resumo dos trabalhos realizados pela prefeitura de Palmeira dos Índios (...). Não foram muitos, que os nossos recursos são exíguos. Assim minguados, entretanto, quase insensíveis ao observador afastado, que desconheça as condições em que o município se achava, muito me custaram.

O principal, o que sem demora iniciei, o de que dependiam todos os outros, segundo creio, foi estabelecer alguma ordem na administração.

Havia em Palmeira dos Índios inúmeros prefeitos: os cobradores de impostos, o comandante do Destacamento, os soldados, outros que desejassem administrar. Cada pedaço do município tinha a sua administração particular, com prefeitos coronéis e prefeitos inspetores de quarteirões. Os fiscais, esses, resolviam questões de polícia e advogavam. Para que semelhante anomalia desaparecesse lutei com tenacidade e encontrei obstáculos dentro da prefeitura e fora dela – dentro, uma resistência mole, suave, de algodão em rama; fora, uma campanha sorna, oblíqua, carregada de bílis. (...) Dos funcionários que encontrei em janeiro do ano passado restam poucos: saíram os que faziam política e os que não faziam coisa nenhuma. (...) Não sei se a administração do município é boa ou ruim. Talvez pudesse ser pior.

Não favoreci ninguém. Devo ter cometido numerosos disparates. Todos os meus erros, porém, foram de inteligência, que é fraca. Perdi vários amigos, ou indivíduos que possam ter semelhante nome. Não me fizeram falta. Há descontentamento. Se a minha estada na prefeitura por estes dois anos dependesse de um plebiscito, talvez eu não obtivesse dez votos. Paz e prosperidade.

NINGUÉM (APENAS UM ESTUDANTE DE DIREITO)

GUILHERME PURVIN

Na Literatura, foi a partir do gênero *romance* que os nomes próprios passaram a mesma função que exercem na vida em sociedade, isto é, de *expressão verbal da identidade particular de cada indivíduo*[1]. Nestas anotações, procurarei explorar o alcance de tal assertiva feita por Ian Watt, acompanhando o processo de apresentação do personagem Georges Hugon, do romance "Naná", de Émile Zola. Tomo como ponto de partida a seguinte passagem, retirada do capítulo 2 de referido clássico:

> *"– Qui est-ce?*
> *– Oh! Personne, répondit la bonne négligemment, un petit jeune home... Je voulais le renvoyer, mais il est si joli, sans un poil de barbe, avec ses yeux bleus et sa figure de fille, que*

---

[1] WATT, Ian. A ascensão do romance. São Paulo : Companhia das Letras, 2010. P. 19.

> *j'ai fini par lui dire d'attendre... Il tient un énorme bouquet don't il n'a jamais consenti à se débarrasser... Si ce n'est pas à lui allonger des claques, un morveux qui devrait être encore au collège!*
> *Madame Lerat ala chercher une carafe d'eau, pour faire un grog; les canards l'avaient altérée. Zoé murmura que, tout de même, elle en boirait bien un aussi. Elle avait, disait-elle, la bouche amère comme du fiel.*
> *– Alors, vous l'avez mis...? reprit madame Maloir.*
> *– Tiens! Dans le cabinet du fond, la petite pièce qui n'est pas meublée... Il y a tout juste une malle à madame et une table. C'est là que je loge les pignoufs."*[2]

Trata-se, na verdade, de Georges Hugon, que não é exatamente um "Zé Ninguém", um simples malandro (*pignouf*), como pretende a criada de Naná. Tampouco é um mero figurante citado casualmente numa passagem da obra. Trata-se de um jovem estudante de primeiro ano de Direito, filho de Mme. Hugon, viúva de um tabelião, que vive nas Fondettes, uma antiga propriedade de família, perto de Orléans, e que conserva em Paris uma moradia numa casa que conserva em Paris, na Rue Richelieu, como ficaremos sabendo no capítulo 3:

---

[2] ZOLA, Émile. Nana. Flamarion, Paris, 2000. Pp. 80/81 – l.443/458.
Na tradução de Roberto Valeriano (Naná. São Paulo: Nova Cultural, 2003, pp. 46/47):
"– Quem era?
– Oh! Ninguém – respondeu a criada, desdenhosamente. – Um rapazinho... quis manda-lo embora, mas ele é bonito, sem barba ainda, com olhos azuis e cara de menina, e acabei por lhe dizer que esperasse... Traz um enorme ramo de flores e não consentiu que lho tirasse... Um garoto que cheira ainda a cueiros!
Mme. Lerat foi buscar uma garrafa de água, para preparar um grogue; os torrões tinham-na excitado. Zoé murmurou que, já agora, também bebia um. Tinha, dizia, a boca amarga como fel.
– E mandou-o entrar? – tornou Mme. Maloir.
– Claro! Para o quarto do fundo, o quartinho que não está mobiliado... Há ali apenas uma mala de senhoras e uma mesa. É para lá que mando entrar os pelintras" (p. 46/47).

> "...; madame Hugon, veuve d'um notaire, retirée aux Fondettes, une ancienne propriété de sa famille, près d'Orléans, conservait un pied-à-terre à Paris, dans une maison qu'elle possédait, rue de Richelieu; y passait em ce moment quelques semaines pour installer son plus jeune fils, qui faisait as première année de droit (...)"[3].

Segundo a tese de Ian Watt, antes do advento da forma *romance*, o nome próprio das personagens não era apresentado com o objetivo de criação de entes individualizados, mas sim para identificação de figuras históricas (o que não é o caso neste romance de Zola) ou de *tipos*. A caracterização destes *tipos* remetia o leitor a um conjunto de expectativas *formadas basicamente a partir da literatura passada, e não do contexto da vida contemporânea*"[4]. Os nomes, por isso, são também *característicos e irrealistas,* denotando qualidades particulares (v.g., *Gargântua* e *Pantagruel,* de Rabelais).

Observe-se que protagonista do romance de Zola também tem um nome *característico*. O escritor enfatiza este aspecto, ao comentar o nome de Naná:

> "C'était une caresse que ce nom, um petit nom dont la familiarité allait à toutes les bouches. Rien qu'à le pronouncer ainsi, la foule s'égayait et devenait bon enfant"[5].

Num exame apressado, a escolha de um nome único poderia contradizer a assertiva de Ian Watt, que aduz:

> "Confirma o caráter basicamente literário e convencional desses nomes próprios o fato de que em geral eram um só –

---

[3] ZOLA, Émile. Ob. Cit., pp. 103/104, linhas 350-355.
[4] WATT, Ian. Ob. Cit., pp. 19/20.
[5] ZOLA, Émile. Ob. Cit., p. 41, linhas 208/211.
"Era uma carícia aquele nome, um pequenino nome que se tornava familiar em todas as bocas. Só o ato de pronunciá-lo daquele modo alegrava a multidão, tornava-a bem-disposta" (Trad. Cit., p. 12).

mr. Badman ou *Euphues* –; *ao contrário das pessoas reais, as personagens de ficção não tinham nome e sobrenome"*[6].

Esta contradição, porém, é apenas parcial. Em primeiro lugar, porque qualquer leitor parte do pressuposto de que "Naná" é apenas um nome artístico – e não, obviamente, o nome de batismo da protagonista.

É preciso ter em conta que, logo à frente, Ian Watt afirma que "...os primeiros romancistas romperam com a tradição e batizaram suas personagens de modo a sugerir que fossem encaradas como indivíduos particulares no contexto social contemporâneo (...)"[7]. E, sem sombra de dúvida, Zola escolhe com perfeição o nome da protagonista de forma a enquadrá-lo no *contexto social da época* (Paris, Século XIX). Lembro, aliás, que Vladimir Nabokov, na abertura de seu mais famoso romance, adota procedimento análogo:

> "Lolita, luz de minha vida, fogo de meus lombos. Meu pecado, minha alma. Lo-li-ta: a ponta da língua fazendo uma viagem de três passos pelo céu da boca, a fim de bater de leve, no terceiro, de encontro aos dentes. LO. LI. TA."[8].

O nome artístico *Naná* é um nome *típico*, escolhido com uma intenção determinada, quando o confrontamos com o de sua maior rival, *Rose Mignon:* o apelo sexual do nome *Naná* é expressamente declarado logo nas primeiras páginas do romance. E Zola o contrapõe ao de uma personagem representativa da literatura *romântica* – "Rosinha" –, que, não obstante igualmente sensual, sugere uma mulher delicada em oposição à crueza sinestésica da desafinada e desajeitada atriz e prostituta que desbanca a anterior sensação do teatro. Naná é legítima representante do *naturalismo*.

---

[6] WATT, Ian. Ob. Loc. Cit.
[7] Id.
[8] NABOKOV, Vladimir. Lolita. Tradução de Brenno Silveira. São Paulo: Boa Leitura Editora S.A., s/d, p.11.

Portanto, não há, dentro do contexto da obra, que se tomar estas observações como demonstrativas de um aparente *irrealismo* – pelo contrário. Os nomes "Naná" e "Rose Mignon" são exceções importantes e seus nomes contrastam flagrantemente com os personagens que representam a elite social de Paris. De fato, Zola elenca uma extensa lista de personagens indicando seus nomes completos ou, o que parece realmente importar, seu nome de família: Hector de la Faloise, Fauchery, Bordenave, Steiner, Lucy Stewart, Caroline Héquet, Xavier de Vandeuvres. Diante de nomes assim pomposos, *Naná* ou *Rose Mignon* são nomes dados com a mesma displicência que se daria a animais de estimação. A importância dada aos nomes na *individualização* dos personagens representantes da elite só é relativizada pela descrição de cada tipo: Hector de la Faloise é *"um rapaz que vinha completar a sua educação em Paris"*; seu amigo Fauchery é um jovem de bigode negro, conhecido no teatro; Bordenave, empresário de teatro que prefere ser chamado simplesmente de *contratador de mulheres em seu bordel*; Steiner, um importante banqueiro; Lucy Stewart, *"uma mulherzinha feia, quarentona, de pescoço muito comprido, de faces magras e estiradas, uma boca grosseira, mas tão viva, tão graciosa, que tinha em si um grande encanto"*; Caroline Héquet, *"uma beleza fria"*; Blanche de Sivry, *"uma jovem gorda e loiro, cujo rosto bonito se empastava"*; Xavier de Vandeuvres, um conde cheio de complexo de culpa.

A construção do personagem Georges Hugon, todavia, se processa de forma totalmente diversa. Suas características começam a ser pinceladas logo no primeiro capítulo, mas Zola não lhe atribui nome algum. Trata-se, simplesmente de um jovem sentado próximo a Fauchery, *"um rapaz muito novo, de dezessete anos, quando muito, algum fugitivo de colégio"*, que *"escancarava os seus belos olhos de querubim"*:

> *"Près de lui, um tout jeune homme, de dix-sept ans au plus, quelque échappé de collège, ouvrait très grands ses beaux yeux de chérubin. Fauchery eut um sourire em le regardant"*[9].

O personagem anônimo, dentro de instantes, fará seu *début* nesse mundo parisiense juntamente com a protagonista. Naná entra em cena no teatro e começa a cantar desafinadamente e sem nenhuma graciosidade a ária "Quando Vênus ronda a noite". Tudo indica que ela está prestes a levar uma imensa vaia, pois *"Ela nem mesmo sabia estar em cena, estendia as mãos para a frente enquanto balançava todo o corpo, de forma pouco decente e desajeitada"*[10].

Entretanto, no meio da plateia, *"uma voz de capão, de rapaz que está na muda, soou de entre as poltronas da orquestra, com convicção: – Muito elegante!"*.

E então toda a plateia volta-se para a pessoa que soltou tal exclamação:

"Era o querubim, o fugitivo do colégio, com os seus belos olhos arregalados, a sua face inflamada pela vista de Naná".

Trata-se, claro, de Georges Hugon, ainda aqui um anônimo rapazinho. Sua intervenção inesperada tem o condão de inverter a tendência inicial das vaias em reprovação à jovem sem nenhum talento lançada por Bordenave. Como que socialmente autorizados por aquela manifestação ridícula e inesperada, outros rapazes, *"empolgados pelas curvas de Naná"*, passam também a aplaudi-la – e vem aí a consagração. A menina, retribui os aplausos com riso e graça, trata o público de igual para igual, *"tendo assim ares de dizer pelo canto dos olhos que não tinha um centavo de talento, mas que isso não queria dizer nada, porque tinha outra coisa"*[11].

---

[9] ZOLA, Émile. Ob. Cit., p. 44, linhas 331-335. As citações em português foram extraídas da tradução já referida, à pág.15 da edição brasileira.
[10] Tradução brasileira, p. 20.
[11] Na tradução, pp. 20-21.

O adolescente loiro reaparecerá ainda mais duas vezes no primeiro capítulo, sempre no anonimato, expondo de modo involuntário o ridículo de sua sexualidade adolescente que aflora inteiramente despida das máscaras das convenções sociais. Antes do início do terceiro ato da peça, ele está sentado ao lado de um personagem que mereceu ser nominado desde o início: Daguenet. Zola diz que "*o jovem fugido do colégio*" não abandonou sua poltrona, "*na estupefação admirativa em que Naná o lançara*". Atreve-se ele, então, a perguntar a Daguenet se ele conhece a senhora que representa no palco. Entre surpreso e hesitante, Daguenet murmura que sim, ao que imediatamente Georges Hugon contra-ataca, indagando-lhe sem hesitação se ele sabe qual é o seu endereço. A objetividade inconveniente da pergunta é recebida por Daguenet como uma bofetada, que responde com uma seca negativa, voltando-lhe as costas. Só então o loirinho dá-se conta, assustado, de que acabara de cometer uma gafe. É um percalço pelo qual todo *calouro* há de passar, por ainda desconhecer as regras sociais de convívio naquela sociedade[12].

O desajeitado adolescente anônimo é novamente mencionado no desfecho do Capítulo 1, na descrição do final do espetáculo teatral. Neste ponto, sua personalidade começa a ganhar cores mais carregadas. Não se trata simplesmente de um tímido e inofensivo adolescente apaixonado por uma garota "elegante". Trata-se de um macho desejoso de iniciar-se na vida sexual, sim, mas de um macho cego de desejo por aquela beldade que enfeitiça os homens de Paris. Obcecado pela fêmea, não hesita em a agir agressivamente se seu desejo não vier a ser satisfeito. É o

---

[12] "*Pardon, monsieur, cette dame qui joe, est-ce que vous la connaissez?*
– *Oui, um peu, murmura Daguenet, surpris et hésitant.*
– *Alors, vous savez son adresse?*
La question tombait si crûment, adressée à lui, qu'il eut envie de répondre par une gifle.
– *Non, dit-il d'um ton sec.*
Et il tourna le dos. Le blondin comprit qu'il venait de commettre quelque inconvenance; il rougit davantage et resta effaré".
ZOLA, Émile. Ob. Cit., p. 62, linhas 931 a 941.

que transparece da cena em que repele brutalmente uma infeliz prostituta de rua:

> "Comme l'échappé de collège, les joues brûlantes, décidé à attendre devant la porte des artistes, courait au passage des Panoramas, dont il trouva la grille fermée, Satin, debout sur le trottoir, vint le frôler de ses jupes; mais lui, désespéré, refusa brutalement, puis disparut au milieu de la foule, avec des larmes de désir et d'impuissance dans les yeux" [13].

Ilustração: Ibraim Rocha

O anonimato do rapaz prossegue ao longo do Capítulo 2. A cena transcorre no segundo andar duma grande casa nova localizada Boulevard Haussmann, *"que o proprietário alugava só a senhoras, para as obrigar a lavar os estuques".* É ali que Naná mora. Nesse momento, ela dorme de bruços, *"apertando entre os braços nus o travesseiro, onde enterrava o rosto pálido de sono".* Ao despertar, Zoé, sua criada, comunica sua agenda de compromissos e despesas. Depois, recebe a visita de Mme.Tricon, alcoviteira que vem lhe perguntar se está disposta a receber um homem naquela tarde. Acertam o preço e o horário e a mulher retira-se do quarto, *"consultando um livrinho de apontamentos".* Chegam novas visitas, Mme. Maloir e Mme. Lerat – que se põem a jogar cartas. Zoé sai para receber o jovem anônimo, um ninguém: *personne*[14].

---

[13] Da tradução brasileira (p. 34):
"Como o fugitivo do colégio, com as faces a arder, se decidisse a esperar defronte da porta dos artistas e corresse ao Passage des Panoramas, que encontrou de grade fechada, Satin, de pé no passeio, veio roçá-lo com as suas saias; ele, entretanto, desesperado, repeliu-a brutalmente, desaparecendo em seguida no meio da multidão, com lágrimas de desejo e impotência nos olhos".

[14] Cena transcrita ao início destas anotações.

Várias páginas à frente, quando Naná pensava que finalmente estava sozinha, "caiu de repente sobre um rapazola, ao empurrar a porta de um quart. Ele achava-se sentado no alto de uma mala, muito tranquilo, com ar muito sisudo, um buquê enorme nos joelhos":

"*– Ah! Mon Dieu" cria-t-elle. Il y em a encore um là-dedans!*
Le petit jeune homme, em l'apercevant, avait sauté à terre, rouge comme un coquelicot. Et il ne savait que faire de son bouquet, qu'il passait d'une main dans l'autre, étranglé par l'émotion. Sa jeunesse, son embarras, la trôle de mine qu'il avait avec ses fleurs, attendrirent Nana, qui éclata d'um beau rire. Alors, les enfants aussi? Maintenant, les hommes lui arrivaient au maillot? Elle s'abandonna, familière, maternelle, se tapant sur les cuisses et demandants par rigolade:
– Tu veux donc qu'on te mouche, bébé?
– Oui, répondit le petit d'une voix basse et supplicante.
Cette réponse, l'égaya davantage. Il avait dix-sept ans, il s'appelait Georges Hugon. La veille, il était aux Variétés. Et il venait la voir.
– C'est pour moi, ces fleurs?
– Oui.
– Donne-les donc, nigaud!
Mais, comme elle prenait le bouquet, il lui sauta sur les mains, avec la gloutonnerie de son bel âge. Elle dut le battre pour qu'il lâchât prise. En voilà un morveux qui allait raide! (...)"[15].

---

[15] Na tradução brasileira (p.55):
"– Ah! Meu Deus! – exclamou ela. – Ainda há aqui um dentro.
O rapazola, ao vê-la saltara ao chão, vermelho como uma pimenta. E não sabia que fazer do buquê, que passava de uma mão para a outra, estrangulado pela emoção. A sua juventude, a sua timidez, a cara divertida que ele tinha com as suas flores, enterneceram Naná, que desatou a rir. Também as crianças, hein? Ela abandonou-se, familiarmente, maternalmente, batendo nas coxas e perguntando por piada:
– Queres então que te limpem o nariz, bebê?
– Sim – respondeu o rapazinho com voz sumida e suplicante.
Aquela resposta alegrou-a ainda mais. Ele tinha dezessete anos, chamava-se Georges Hugon. Na véspera estivera no Variétés. E vinha vê-la.
– E são para mim essas flores?

Zola reservou aproximadamente cinquenta páginas, desde a primeira aparição do personagem, para finalmente apresentar o nome do rapazinho. O leitor, assim, fica sabendo juntamente com Naná que trata-se *George Hugon.*

"*Personne*" (ninguém). Esta é a palavra escolhida pela criada de Naná para desqualificar (e não para identificar) o mais jovem dentre o extenso rol de homens enlouquecidos pela sensualidade da mulher a quem serve.

Ninguém. É fácil a tentação de traçar um paralelo com a forma como o Ulisses de Homero se apresenta a Polifemo, o ciclope, na cena da caverna, não obstante as situações sejam, obviamente, bastante distintas. Na Odisséia, é o próprio herói que afirma ser "*ninguém*", mas como parte de uma estratégia para confundir o ciclope e escapar da morte que se prenuncia, ao passo que, em Zola, a afirmação está eivada de desprezo e parte de uma criada de Naná, não de George Hugon, que não só não é o herói do romance, como está longe de ser um hábil trapaceiro como o herói grego. No entanto, tanto num caso como no outro, é em razão do fato de, até aqui, aceitar a condição de um *ninguém* ("*personne*") que o *moleque (morveux)* consegue entrar nos aposentos da prostituta mais desejada de Paris, antecipando-se ao longo séquito de admiradores, logo nos primeiros dias de seu sucesso. Guardadas as devidas proporções, uma façanha que, na obra de Zola, poderia ser comparada à fuga de Ulisses da caverna de Polifemo.

– Sim.
– Dá-me então, meu basbaque!
Mas, quando ela tomou o buquê, ele agarrou-lhe as mãos com a glutonice de sua bela idade. Foi preciso bater-lhe para que deixasse a presa. Ali estava um baboso que prometia".

LUSOFONIA: QUAL É O SIGNIFICADO DESSA PALAVRA

INÊS DO AMARAL BUSCHEL

Sou brasileira e, portanto, pertenço ao território latino-americano. É assim que me vejo, como latino-americana. Todavia, tenho ascendência portuguesa (longínqua) e germânica (neta). Tenho consciência de que penso em português, que é a minha língua materna. Há um fato curioso em minha vida, que gostaria de, inicialmente, contar aqui.

Na minha infância, aqui no Brasil, as emissoras de rádio não paravam de tocar uma canção portuguesa intitulada "*Coimbra* ", de autoria de Raul Ferrão e José Galhardo. Gravada na voz da famosa cantora Amália Rodrigues (1920-1999), fazia um sucesso esplendoroso no mundo todo. Cresci ouvindo esse fado e gostava demais dos versos que diziam "*...a história desta Inês tão* *linda...".* Não tinha a menor idéia a quem esses versos se referiam, mas gostava de ouvir o meu nome sendo cantado! Foi assim que o fado português entrou para sempre em minha vida.

Passou-se muito tempo e, desde há poucos anos, venho observando que em entrevistas com escritores de literatura na língua portuguesa, os entrevistadores costumam perguntar ao escritor(a) qual a opinião dele(a) sobre *"lusofonia"*. E nas respostas dadas nunca senti muita clareza, pois as opiniões divergem bastante. Então, prometi a mim mesma que um dia ainda faria uma pequena pesquisa sobre o significado político dessa palavra. E esse dia chegou. Comecei pelo dicionário brasileiro **Houaiss** onde encontrei a definição do vocábulo:

> **(1)** *conjunto daqueles que falam o português como língua materna ou não;* **(1.1)** *conjunto de países que têm o português como língua oficial ou dominante [A lusofonia abrange, além de Portugal, os países de colonização portuguesa, a saber: Brasil, Moçambique, Angola, Cabo Verde, Guiné-Bissau, São Tomé e Príncipe; abrange ainda as variedades faladas por parte da população de Goa, Damão e Macau na Ásia, e ainda a variedade do Timor na Oceania.]*

Depois, fui conferir na Wikipédia e compreendi um bocadinho mais: hoje, em 2015, estima-se que já somos, aproximadamente, duzentos e oitenta milhões de falantes da língua portuguesa no mundo. Isso significa que o português já é a 5ª língua mais falada.[1]

Descobri e li o livro "***Os Lusófonos***", um romance de autoria de nosso escritor-compositor-cantor Martinho da Vila, lançado em 2006, pela Editora Ciência Moderna Ltda./RJ. Nessa obra, que tem como pano de fundo Portugal e alguns países da África

---

[1] https://pt.wikipedia.org/wiki/L%C3%ADngua_portuguesa
https://pt.wikipedia.org/wiki/Lusofonia

que são ex-colônias de Portugal, Martinho diz a certa altura que " *o princípio filosófico [da lusofonia] visa ao interconhecimento e à interligação afetiva entre os povos lusoparlantes. A teoria fundamenta a principal filosofia da comunidade formada por países de língua portuguesa, que envolve ações de solidariedade e intercâmbio cultural."* (pág.4)

Aliás, por falar em Martinho da Vila, ele gravou um CD com o título de "**Lusofonia** ", lançado em 2000. Nesse disco há canções de sua autoria em parceria com outros compositores brasileiros, bem como reúne músicas de compositores de outros países lusófonos: de Cabo Verde, São Tomé e Príncipe, Guiné-Bissau, Portugal, Moçambique e Angola.

Mais adiante, acabei por lembrar-me também de ter assistido a um filme brasileiro cujo título é " **LÍNGUA** - *Vidas em Português* ", dirigido pelo cidadão lusófono - cineasta moçambicano, nascido em Portugal e que vive há mais de 25 anos no Brasil - Victor Lopes. Lançado em 2004, tem duração de 105 minutos. Foi filmado em seis países de quatro continentes: Portugal, Moçambique, Índia, Brasil, França e Japão. Trata-se de histórias da língua portuguesa e sua permanência entre culturas variadas do planeta[2].

Veio-me à mente também a lembrança de um livro precioso que também li anos atrás, de autoria do brasileiro Alberto Costa e Silva - *diplomata, poeta, escritor, historiador que recebeu o Prêmio Camões em 2014* - livro esse intitulado "*Um Rio Chamado Atlântico - A África no Brasil e o Brasil na África* ", lançado em 2003, pela Editora Nova Fronteira/UFRJ, Rio de Janeiro. Esse livro reúne 20 ensaios sobre as relações históricas entre o Brasil e a África Atlântica. Mostra como o Brasil e África eram um mundo só. O que se passava de um lado influenciava o outro. Penso que sua leitura é uma das chaves para compreendermos a *lusofonia*.

---

[2] Este belo e importante documentário está disponível pelo You Tube.

Para nós brasileiros, indubitavelmente, todos os caminhos nos levam à África.

Para entender melhor o conceito de lusofonia, também li e quero aqui recomendar a leitura de outro livro sobe o tema: *"Da Lusitanidade à Lusofonia"*, de autoria do professor português Fernando Cristóvão, Editora Almedina/ Coimbra, 2008.

É preciso lembrar que o Brasil tornou-se independente do Reino de Portugal em 1822, portanto, há quase dois séculos. Entretanto, as ex-colônias portuguesas do continente africano, somente conquistaram sua independência de Portugal em meados da década de 1970 (Guiné-Bissau em setembro de 1973 e todos as outras no ano de 1975). Destacando-se o caso de Timor Leste que, após a independência em 1975, sofreu uma invasão pela Indonésia, e somente no ano de 2002 reconquistou sua independência.

Ao lado disso, temos de observar entre nós, os povos lusófonos, as importantes diferenças culturais, de fé religiosa inclusive. Em Portugal e no Brasil ainda há a predominância do catolicismo. Mas o mesmo não se dá nos países africanos. Não se pode trilhar o caminho da religiosidade cristã e iludir-se com um irreal sonho de "irmandade". O regime democrático e a autodeterminação dos povos prevalecerá sempre. O que nos une é a nossa riqueza comum: a mesma língua, embora com variações, e muitos hábitos sociais semelhantes, tal como a culinária, por exemplo. Não existe para nós a barreira da língua. Parafraseando o poeta português Fernando Pessoa, *"nossa pátria é a língua portuguesa"*.

Aqui no Brasil, enquanto colônia portuguesa, no ano de 1757 o despótico Conselheiro de Estado Marquês de Pombal proibiu a população brasileira de continuar a falar a língua geral que era derivada da língua originária Tupi. Essa língua indígena fora devidamente organizada, gramaticalmente, pelo jesuíta Padre José de Anchieta. Ele era jesuíta - da Companhia de Jesus - e viveu no Brasil desde 1553 até sua morte em 1597. Dessa forma, nós brasileiros fomos obrigados a adotar a língua portuguesa a partir dali. Claro que há nações indígenas no território brasileiro que, felizmente, mantém suas línguas originais com a proteção da Constituição Federal de 1988. Mas os povos indígenas do Brasil também tem de aprender a língua portuguesa, pois essa é a nossa única língua oficial.

Todavia, nos países africanos de língua oficial portuguesa, as coisas não se passam assim. Grande parte de sua população sequer conhece a língua portuguesa e, portanto, não se comunica nessa língua. Há outras línguas de povos originários que também devem ser respeitadas. Para defender os interesses políticos-sociais-econômicos-culturais dos povos lusófonos da África é que foi criada, em 1979, uma Comunidade desses países africanos que se denomina *PALOP - Países Africanos de Língua Oficial Portuguesa*[3].

Refletindo sobre esses fatos histórico observo que entre os países lusófonos ainda há muita assimetria. Por isso, para caminharmos juntos, teremos de, primeiro, enfrentar as diversidades e encontrar nossas semelhanças. E, num futuro próximo, poderemos sim nos fazer entender condignamente. Oxalá esse futuro chegue logo. Para Portugal a situação é mais confortável, mas para todos nós que fomos povos colonizados há ainda muitas arestas a serem aparadas. Claro que podemos sentarmo-nos à mesa para dialogar, mas é preciso estar sempre atento à equidade no tratamento. Lembrando que no Brasil não houve guerra civil e que já empreende parcerias com Portugal em várias áreas há mais tempo.

Penso que a *lusofonia* é um processo histórico inexorável e em construção. Aprendi que por parte do governo brasileiro no

---

[3] https://pt.wikipedia.org/wiki/Pa%C3%ADses_Africanos_de_L%C3%ADngua_Oficial_Portuguesa

final da década de 80, surgiu a idéia de reunir os países que usavam a língua portuguesa, para criar uma comunidade *internacional* lusófona. Em grande parte fomos influenciados pela utopia do pensador português, Prof. Agostinho da Silva (1906-1994), que viveu no Brasil entre os anos 1947-1969 e sonhava com isso. Agiam politicamente com esse ideal, o ex-Presidente José Sarney e o seu Ministro da Cultura José Aparecido de Oliveira (1929-2007) que, posteriormente viria a ser Embaixador do Brasil em Portugal. Mais tarde, o ex-Presidente de Portugal Mário Soares abraçaria a idéia e também os governantes dos países que compõe a PALOP.

Desse ideário surgiu, primeiramente, o *Instituto Internacional da Língua Portuguesa* - IILP, no ano de 1989. Somente depois, no ano de 1996, é que se institucionalizou a CPLP - *Comunidade dos Países de Língua Portuguesa* [4].

É nesse processo histórico que Portugal apresenta a proposta de um novo Acordo Ortográfico que, finalmente, foi firmado ano de 1990 entre os sete países lusófonos à época: Angola, Brasil, Cabo Verde, Guiné-Bissau, Moçambique, Portugal e São Tomé e Príncipe. Posteriormente, em 2004, o Timor Leste também aderiu. Esse Acordo altera apenas a ortografia da língua escrita, mas não a linguagem falada com seus sotaques regionais. O Brasil aprovou por Decreto Legislativo esse Acordo no ano de 1995.

Nós, brasileiros, temos bastante informações culturais dos povos angolanos, moçambicanos e talvez também dos timorenses. Todavia, pouco sabemos sobre Cabo Verde, Guiné-Bissau e São Tomé e Príncipe, e menos ainda sobre a Guiné Equatorial. Precisamos conhecer mais desses países e seus povos, e nos

---

[4] Para saber mais sobre o IILP e a CPLP, visite os *links* abaixo indicados:
https://iilp.wordpress.com/
http://www.cplp.org/
https://pt.wikipedia.org/wiki/Estados_membros_da_Comunidade_dos_Pa%C3%ADses_de_L%C3%ADngua_Portuguesa

aproximarmos. E vice-versa. O Brasil já deu mais um passo nessa meta, com a criação, em 2010, pelo ex-Presidente da República Luiz Inácio Lula da Silva, da *Universidade de Integração Internacional da Lusofonia Afro-Brasileira*.[5]

Para ajudar nessa "viagem", indico aqui um documentário muito bonito filmado em Cabo Verde, dirigido pelo diretor brasileiro Alê Braga, com 26 minutos de duração [6].

Por último, para aqueles que gostam de cinema, indico dois filmes. Um deles intitula-se "*Timor Leste - O massacre que o mundo não viu* " (*Timor Lorosae*), documentário dirigido pela brasileira Lucélia Santos, com 75 minutos de duração e lançamento em 2002.

O outro bom filme íntitula-se "*Palavra e Utopia* ", dirigido pelo famoso diretor português Manoel de Oliveira (1908-2015), drama lançado em 2000, com 130 minutos de duração. Trata-se da história do Padre Antonio Vieira (1608-1697), representado na película também pelo ator brasileiro Lima Duarte.

Ante de finalizar este texto quero contar outras duas estórias engraçadas que se passaram comigo. Quando ingressei na escola, no curso primário, eu ouvia as pessoas dizendo a expressão coloquial: "*Inês é morta* ". E ficava chocada! Não gostava nem um pouco de ouvir isso. Reagia dizendo "*Estou bem viva*"!

Mais à frente, quando já freqüentava o ensino médio tive um ótimo professor de língua portuguesa, a quem chamávamos, carinhosamente, de Profº Terrinha (*Luiz Alberto Sarmento Terra*). Eu sempre gostei de falar e rir muito. Daí que promovia uma certa algazarra no fundo da classe. O Profº Terrinha identificava minhas risadas. Enquanto escrevia na lousa, de costas para os alunos, algumas vezes declamava em voz alta os versos de Camões: "*..estava linda Inês posta em sossego...*". Era a senha para eu

---

[5] http://www.unilab.edu.br/
[6] Bastará buscá-lo no link: https://vimeo.com/31512629

ficar em silêncio. E assim fui crescendo e apaixonando-me pela bonita língua portuguesa. Gosto muito de ouvir o som da nossa fala portuguesa. É bastante musical.

Para encerrar, convido (a) a ouvir a maravilhosa música de A. Travadinha (1941-1987), um violinista popular de Cabo Verde. Era autodidata e tocava canções tradicionais locais, as mornas e coladeras[7].

---

7 Para ouvi-lo bastará buscar no You Tube.

contos

PEDESTRE

GAVIN ADAMS

I

Não tem nada no trânsito de São Paulo que me escape. Eu identifico e coligo todos os eventos do transitável: ilhas, cones, setas, cavaletes, elevados e semáforos. Tudo. Travessias, velocidades média, instantânea e inicial; abertura e fechamento, incidência e volume de tráfego.

Já sei o que o senhor está pensando: 'se você é tão sabido, como é que o trânsito da cidade é tão ruim?' A pergunta é boa. Eu acho a pergunta boa. Mas ela não deve ser dirigida a mim. Ah, não. Pergunte aos senhores e às senhoras motoristas.

E se você acha que o trânsito está ruim, por favor considere que sem mim o caos prevaleceria. Ainda mais. Mais do que agora. Sou talvez o último pedestre de destemor nas ruas da cidade: ando na linha de frente e confronto a oposição sem medo, resoluto. Acredite, sem mim seria pior. Eu seguro a onda.

Porque eu olho à minha volta e vejo que todo motorista dá um jeitinho. Todos dão uma abusadinha. E cada vez que isso acontece tem um segundo a mais que alguém mais adiante vai esperar, alguém vai dar uma brecadinha mais funda, e, no acúmulo, ali na frente, vai fechar um sinal ou vai bloquear um cruzamento. Tudo está ligado, tudo interfere em tudo, pondere o senhor.

II

– Vrum-vrum não! Paradinho aí!

Carro é igual cachorro – tem que falar na hora, se não, não aprende. Não adianta. E tem que ser bem claro e didático. Afago só em casos excepcionais. E sempre – *sempre* – ser consistente. Nunca dar passagem a um carro na calçada. Não na calçada. *Nunca* hesitar. A hesitação cria a dúvida e arranha a cristalina didática do exemplo. Tem que ser sempre o mesmo gesto, a mesma postura, a mesma voz. Só assim se ensina ao carro, que precisa reconhecer a mão firme do pedestre. Diria o pé firme do pedestre, se o senhor me entende melhor assim.

O automóvel fareja medo. O carro cheira o medo do pedestre na hesitação, e aí o instinto do veículo prevalece, e o motorista impõe sua massa, ele joga a massa cinética do carro na calçada ou na faixa, contra nosso corpo de carne viva. É da natureza do automóvel, o motorista não pode ser singularizado. A massa cinética do carro.

Aí que só eu observo e pratico (veja bem, duas coisas diferentes) o maior denominador comum. Só eu, pelo que vejo e enxergo, puxo para cima a média da performance geral do trânsito. Tudo que é onda de caos e descontrole, quando chega na minha praia, amansa. Ajeita. Encaixa. Ronrona. De mim não passa. E assim esvazio e reprogramo o ruído, que se espalha a partir de minha modesta pessoa, de minha conduta perfeita, irretocável, harmônica, que vai reverberando pelo tráfego em círculos virtuosos.. *Ambula cum bonis*. Caminha com os bons.

Por favor não me tome por pedante. O pedestre é o contrário do pedante. O pedestre busca o simples, o chão, e não a métrica erudita. Eu sou artista do pé. Senhor, senhora, permitam-me esta imodéstia. Permitam a este pedestre a sua ronda, para que ame a cidade no leito estreito da redondilha.

III

Atualmente, e venho acompanhando o tráfego faz muitos anos, a curva média de performance geral está no limite, qualquer variação para baixo vai disparar a espiral do apocalipse. Muita gente junto. Muita máquina junta. Tem muito espaço escasso. Por isso a minha pequena e modesta contribuição segura o pior. Com meu caminhar estudado e preciso eu impeço a propagação do perigo. Qualquer descuido ou relaxamento meu pode fazer estourar o lamaçal do colapso geral.

Tipo passar o sinal. Ouça só o cavalheiro, considere a fala do cavalheiro:

– Eu passei no amarelo!

Passou não, fofo. Estava amarelo na faixa quando você decidiu seguir. Quando você passou o *sinal*, o semáforo, ele mesmo já estava vermelho. O amarelo não convida "vai aí, tudo bem, vai que dá". Veja só, amigo, o amarelo nos alerta "Desabriu, parado aí".

Eu vi de fora. O pedestre vê. Então você *passou o sinal vermelho*, amigo. Você não viu porque você estava bem em baixo dele. Eu vi. Você não. Então. Bingo.

'Esse cara está pagando de machinho, cantando de galo na rinha', quase ouço o doutor a pensar. Ha ha, já entendi, o senhor é motorista. Você tem um carro e dirige. Não tem problema, eu não odeio as pessoas. Eu não fulanizo o carro. E veja bem, o motorista e a motorista são apenas pedestres com carro. Eu não odeio motoristas. E eu também entendo que as pessoas têm suas limitações e que não somos perfeitos. Pode lhe causar surpresa, mas eu não me considero perfeito. E não só na minha vida fora das ruas (pergunte à minha ex-esposa ha ha ha). O ponto é que a arte de bem caminhar toda rua trabalha com o emaranhamento indicial. Consistência, meu senhor, é o que importa.

E pedestre também abusa. Considere o metrô, doutor, considere o tráfego de pessoas à pé no metrô de São Paulo. Só pedestre, o fluxo é só de pedestres. Mas tem problemas de tráfego também, tem colisões. Tipo a escada rolante. Ficar parado no lado esquerdo. Ficar de pé no lado esquerdo da escada, sempre uma questão de atravanco. Tem muito, doutora. E entre pedestres, veja bem.

IV

Mas temos que apreciar uma realidade, senhor, tem uma realidade lá fora. Pondere que o pedestre se vê acossado. Lembra que de um filme onde o caminhão ataca um carro na estrada? Pois é, no Brasil o filme se chama "Encurralado". Nem se usa mais essa palavra, não é mesmo? As palavras mudam, as pessoas usam outras, aí aparecem palavras novas e as antigas perdem a validade. Então, na rua quem encurrala é o automóvel. O automóvel encurrala o pedestre. Senhor, vou ser claro: estamos em guerra. Conflito é a palavra, não há outra. E é uma guerra de ocupação, o automóvel está ocupando a andança do pedestre.

Por isso a não-colaboração. Não converso com carro. Não sorrio para carro. E principalmente não aceito favor de carro.

Veja que eu compreendo que há generosidade no gesto de dar passagem ao pedestre na faixa. Entendi que a sua mão abanando e o ar que você empurra com a palma de sua mão são uma metáfora para a minha própria passagem na frente do carro, indicando que deve haver um espaço humano, que a comunicação humana na convivência urbana deve prevalecer sobre a regra. Entendi. Eu entendi o gesto. Mas veja como a recíproca não é verdadeira. Veja como tudo desaba quando eu devolvo o gesto. Basta eu pedestre abanar para o carro que abana para mim que tudo desabe. A picada da rejeição pública. Passa aí, carrão, vou deixar você passar. Vou abanar para você passar no seu automóvel, minha mãozinha bem atrevidinha. Na minha frente, passa na minha frente enquanto eu dou tchauzinho.

Eu sei que você já foi pedestre. Eu sei que você odeia o trânsito e que só dirige porque precisa. Mas também o soldado ocupador tem uma família em seu país, tem uma mãezinha doce que embalou seu sono, tem uma casinha caiada ao pé da serra e uma namorada que se parece comigo, lá nalgum rincão de sua terrinha. Mas o soldado ocupador porta a arma e veste o uniforme. Não adianta apelar para o lado humano, pois ele empunha a arma e patrulha minha rua.

Eu lamento a guerra. Eu lamento a ocupação. Mas minha passagem na via se fundamenta no meu estado pedestre e não na permissão do ocupador. Não na sua permissão. Perdoe-me a desfeita, doutor, mas olha só, sou eu que abano para a sua passagem. Passa aí. Ainda faço o positivo, veja, eu elevo o dedão em sinal de positivo. Atrevido mesmo. Curti você passar. Passa aí pelo meu país.

V

E a sobrancelha. Rogo ao senhor e à madame, acompanhem o raciocínio da sobrancelha. Da sobrancelha levantada: o cenho comunica como se comportará o carro. A cabeça meneia de leve, a testa pode franzir, a boca pode até rascunhar uma palavra sem sopro. A sobrancelha fala

Mas o insulfilm nega contato. Faz você ver sem ser visto. Cobrir as janelas do carro com plástico adesivo escuro dá muita insegurança ao pedestre. O filme no vidro apaga a sobrancelha. Rogo ao doutor e à doutora, sigam sem filme.

É claro que eu sei como é dirigir. Eu sei como é estar no carro. Eu também viajo no transporte público, conheço a condução de veículo, conheço alguma prática do carro. Por isso passo por trás. Aprendemos os pedestres a passar por trás. Quando tenho que atravessar a faixa e o carro dá passagem, eu passo por trás.

Passar na frente dá poder ao automóvel. Passar pela frente dá ponto no radar. A vigilância fica assim constituída, ela se desenha assim, e, para o motorista, minha passagem se dá numa tela de *game*. Eu viro um objeto passando pelo pára-brisa, mais um indicador no painel de instrumentos. Mas olha só, e esta é uma dica aos pedestres. Amigos pedestres, anotem esta prática tática: o carro tem ponto cego. Todo automóvel tem um ponto cego, um lugar atrás do veículo que não é visível nem pelo espelho retrovisor nem pelos espelhinhos do lado. O corpo que passa por trás fica invisível por um segundo. Não registra, dá traço no sistema. Passar pela frente dá raio-X. Passar por trás dá poder. Cria vazio de dados. Vácuo de informação, cria não-imagem. Poder pedestre.

VI

Eu trabalho no meio. Não fico nem no quente nem no frio. Esse é o segredo: tem um ponto onde a água não evaporou nem está líquida. Nem congelou nem ficou soltinha no cubinho da fôrma. É inútil insistir no quente ou no frio, em um ponto ou no outro, veja a senhora. O trânsito é um bicho, é um organismo tão instável que só essa tática permite sua compreensão. A instabilidade: nada fica, tudo está sendo ao deixar de ser.

Considere o congestionamento, considere sua falta de causas. Antes, quando era anteriormente e havia menos carros, um caminhão tombado fechava a rua; um acidente bloqueava a via. Hoje, e falo do hodierno genericamente, *não tem causa*. Você fica horas na morosidade do pára-vai para de repente deslanchar gostosamente na via – mas não passa pela causa: não há veículo tombado, sinal quebrado ou corpo no chão. Parou porque parou (parou por quê?). Parou porque o trânsito é idêntico a si mesmo: excesso de veículos. Veja a crise de identidade, senhora, senhor, veja como a situação normal e a situação-problema são idênticos – há veículos na via. O tal de pára-vai de moléculas.

É a borboleta. No caos do trânsito na cidade, eu sou a borboleta do furacão. Um ruflar de asas inicia uma cadeia de eventos em outra escala em outros lugares. Assim é com o trânsito. Recorde minha senhora e meu senhor, tudo está ligado: todos os eventos estão ligados. Desta forma, o jogo é bater asas e observar.

No limite, faço tanger desde leves brisas a tsunamis. São pequenos gestos, um intervalo bem calculado, uma fila bem escolhida, um veículo disciplinado, uma travessia bem-feita... Modular no pequeno basta para influir no sistema-tráfego como um todo. Ou pelo menos gerar padrões de escala maior.

VII

Alto lá! - dirá o senhor. Espere aí! - protestará a senhora. Mas se o caos e a instabilidade reinam, como assegurar resultados específicos?

Esta é uma boa pergunta. A pergunta é boa. E eu estendo

a questão, eu aumento o escopo da questão. Nem tudo coincide, isto é, nem sempre a forma do gesto inclui a forma do resultado. A freada do carro não se multiplica em um furacão de freadas. O furacão será de outra coisa, vai ser uma permanência do amarelo ou uma brusquidão de conversões à direita. Haverá sim outras freadas imediatamente e perto, mas a ênfase vai mudando de qualidade conforme se irradia. Permitam-me uma formulação mais exata: os recortes não são infinitamente isomorfos – uma brecada brusca gera uma mudança de marcha que gera uma hesitação que gera um padrão de seta que gera uma ênclise que gera uma crise de cones fora do lugar na Imigrantes.

Bem, a borboleta é um lugar, ela tem causas também. Ela não é o começo - não tem começo – ou fim. Ela pode causar o furacão, mas o furacão também causa a borboleta.

Por isso a consistência, a insistência na consistência: com a conduta zerada, sempre no mesmo tom, aí as variações ficam mais claras, as sutis mudanças se desenham no horizonte. Anda consistente e emerge o horizonte.

E as outras borboletas. Atente o senhor, atente a senhora: há outras borboletas. Além de mim outras mais controlam o tráfego. Surfam a onda. Cavalgam o dragão e cutucam a onça. Disse antes que era o único. Disse. Disse mas não é estritamente verdade, admito ao doutor. À doutora. Sei pelas ondas, pelos padrões. Tem que ter mais de um par de asas para explicar as conformações do trânsito. Mais asas.

VIII

Descobri três: Ismênia, Tostex e D. Edna.

Ismênia dispara arrancadas súbitas, faz escorrer cal branca das guias recém-pintadas, faz estacionar com duas rodas na calçada, tende a colar atrás, gosta de escadas cheias e assentos quentes. Tostex prefere cruzamentos fechados, demora o vermelho, põe caminhão fora da pista, buzina socadinho, favorece motoqueiros canhotos e cano de segurar gorduroso no ônibus. Já D. Edna gosta de parar trem, de brecada com ruído, de lombada oculta, mobiliza cones novos, curte adesivo com o cantinho dobrado, remendos quadrados no asfalto da via e placas com vogais.

Eu prefiro as placas com 7. Com o número 7 tudo está bem. Inteiro ou fatorado (2+2+3, 6+1 etc.), ele é benfazejo. O 4 é estável, mas o 2 dobra o 1 inicia cadeias infinitas. Se você se vir cercado de 11s, cuidado! Procure no mínimo um múltiplo de 7 para desfazer o perigo. Algarismos crescentes devem ser compensados com duas ou mais consoantes. Até o Tostex alterna números primos com dezenas fatoradas. Já as efemérides são imperativas. EUR 1945 acaba a guerra. Para BIZ 1245 a queda de Constantinopla. Jesus morre em XPT 0033. Sempre monitore as placas.

D. Edna sabe que eu sei que ela existe. Ela eu reconheço logo que saio na rua. Ela sempre prepara o maior número de eventos possível, mobilizando seus elementos em massa como um general e suas legiões. Já Tostex erra muito a mão. Bobão, nem percebe que já tiro de letra o cano de segurar gorduroso no metrô e no ônibus desde que introduzi o sistema da mão impura (só usar a esquerda). É difícil que ele me surpreenda. Os skatistas, meu deus, que óbvio! É só esperar que ele mesmo estraga suas jogadas.

Ismênia, maléfica. Ela guarda rancor, faz contabilidade. Posa de companheira mas logo verte o veneno mais pérfido. Ela memoriza tudo: incidências, recorrências e potências, mantém tabelas, monta planilhas. Ismênia preza a mobilização de objetos ou pessoas individuais: um mochileiro no vagão cheio, um único fumante pedestre, uma só placa personalizada bem escolhida. Ismênia.

Por isso já saio de casa atirando: checo a placa do primeiro automóvel para saber o tema do dia, não piso nas rachaduras da calçada, evito as mulheres de óculos mas nunca dou passagem para menino de bermuda, atravesso a faixa em diagonal sem olhar para os carros, que ficam bufando no meu pescoço; ando na calçada buscando um pedestre mais rápido que abra caminho; despisto um agrupamento típico de D. Edna e espero o sinal abrir de modo que meu pé toque o asfalto no *exato* momento em que o sinal fica vermelho; aponto para baixo enquanto minha carranca encara o motorista que avança sobre a faixa; subo a ladeira sem diminuir o passo, descrevendo a curva mais eficiente desço a escada trotando dois a dois degraus da estação de metrô atento para o trem que pode já chegar à plataforma lá embaixo; escolho e acerto a catraca que mais flui (*yes*!) e espero a melhor diagonal de corte para cruzar o fluxo contrário, humilhando o Tostex mais uma vez ao neutralizar uns 20 usuários que mobilizara; praticamente acerto onde as portas do vagão de fato param, driblando o randomizador de Ismênia, que compensa postando um mochileiro na região das portas; contorno e desço na Sé na extremidade correta da plataforma para a baldeação (veja e aprenda, Tostex!) mas a multidão me força a engatar a marcha lenta e adotar o modo *fricção 2* (você vai pagar por isso, D. Edna!); ganho a rua e sigo um carro de placa 0777 por vários metros, bem ao lado. Isso vai ensinar a vaca da Ismênia!

IX

Mas meu tempo acabou, pois não? Doutor, doutora?

O TÚNEL

Hermínio Back

Marcelo olhava o túnel como quem contempla um ser assombroso. O grande arco de concreto eram dentes que contornavam a boca escura e profunda de um ser absurdamente longo. Uma gigantesca cobra, talvez. Por cima dos dentes havia vegetação luxuriante, a pele daquele demônio, formada por capim e arbustos que se contorciam ao sabor do vento. O interior daquela bocarra expelia um hálito quente e ruídos estranhos. O garoto achou que de algum modo havia maldade naquilo.

Os meninos foram na frente. Ele ficou para trás, com ordens severas de segui-los só depois de meia hora. Obedeceu. Agora estava ali, postado sobre os dormentes da ferrovia, procurando encontrar coragem para o desafio. Tinha ainda que esperar, talvez dez minutos. Não sabia dizer se isso era bom ou mau. Mas jamais se atreveria a desconsiderar o conselho do irmão mais velho.

– Só entre depois que o trem passar – explicou Camilo. – Não importa se for só um vagonete de manutenção. Espera algo passar primeiro, daí você segue. Garanto que tem pelo menos quinze minutos.

Pensou em seguir correndo atrás do trem, para vencer logo a provação. Mas o irmão dissera que não era boa ideia. *Os dormentes são meio irregulares*, falou, *vai tropeçar no escuro e esfolar o joelho nas britas.* O túnel era longo, mais de oitocentos metros. Pra piorar, o bicho se contorcia numa curva para a esquerda, o que produzia um trecho de duzentos metros da mais negra escuridão. Só de pensar em andar lentamente por estes duzentos metros sentia calafrios.

– Bosta – resmungou. – Bosta de vaca! Bosta de cavalo!

Riu sozinho dos palavrões, por puro nervosismo. E o riso fez com que esquecesse a preocupação por alguns segundos. Pensou que talvez os malucos rissem para não sentir medo. Mas não tinha como forçar-se a rir quando estivesse atravessando aquele túnel.

Censurou-se dizendo que já devia estar pronto pra isso. Há pelo menos dois meses os meninos vinham avisando que o teste estava chegando.

– Vai fazer dez anos. Está pronto para o túnel? – Perguntou Danilo.

– Não sei.

– É bom estar. Não tem jeito, Marcelo.

– Por que tenho que fazer isso? – Protestou.

–- É um rito de passagem. – Disse Alexandre solenemente.

Alexandre era o mais velho. Já tinha treze anos. Marcelo admirava sua inteligência e achava que com treze anos as pessoas sabiam das coisas. Por isso, quando Alexandre explicou melhor, prestou toda atenção.

– Nas tribos africanas, para que um menino passe a ser homem, tem que enfrentar um rito de passagem. Uma prova de coragem.

– É pena que não bastem passar os anos – lamentou Camilo.

– Claro que não – retrucou Alexandre. – Ficar mais velho não faz de você um homem. Para ser homem é preciso coragem. Demonstrar coragem.

– Passando pelo túnel... – lamentou Marcelo.

– Podia ser bem pior – continuou o mais velho. – Há tribos africanas que fazem você pular de uma árvore de vinte metros de altura amarrado por um cipó no tornozelo. Os moleques quase perdem a perna!

– Ôrra... – espantou-se Danilo.

– Em outras tribos o menino tem que caçar um leão, armado só com uma lança.

– Mas isso é impossível! – Duvidou Camilo.

– Muitos morrem tentando. Mas isso é melhor do que a vergonha de não tentar.

Vergonha. Era isso que o aguardava se não enfrentasse o túnel. Iriam rir dele, caçoar, chamá-lo de menininha. E nunca seria considerado um homem. Afinal, todos meninos já tinham enfrentado o túnel, cada um no seu tempo. E Camilo jurava que não era tão difícil, bastava ir pondo um passo atrás do outro.

– E nós estaremos do outro lado para receber você – disse o irmão encorajando-o.

– Se ele chegar do outro lado – completou Danilo.

Danilo contava histórias terríveis sobre o túnel. O irmão garantia que eram bobagens, mas ele contava com olhos arregalados, convicção na voz e minúcias nos detalhes. Marcelo tremia, porque todos aqueles detalhes não podiam ser pura invenção, deviam ter um fundo de verdade.

– Há muitos animais que gostam da escuridão e umidade do túnel – dizia Danilo. – Cobras rastejam pelo chão e aranhas caranguejeiras penduram-se das paredes. Algumas chegam a fechar o túnel com suas teias. Quando você se enfia numa teia dessas, fica grudado. Aí as aranhas descem para chupar seu sangue. E tem também ratazanas brancas do tamanho de vira-latas que correm pelas canaletas laterais...

Marcelo repetia as histórias para o irmão, apavorado. Camilo balançava a cabeça e dava risada:

– Ele tá brincando com você, bocó.

– Será?

– Eu passei pelo túnel algumas vezes e nunca vi nada disso. E pensa bem... Como uma aranha vai ter tempo de fazer a teia se passa um trem a cada meia hora?

Marcelo tranquilizava-se, até ouvir outra história fantasmagórica.

– Na parte escura do túnel – dizia Danilo – existem portas secretas. É por isso que muitos garotos nunca atingem o outro lado. As portas se abrem e estranhos seres arrastam eles para a escuridão do interior da montanha.

– Meu Deus...

– Ninguém sabe o que acontece lá dentro. Alguns dizem que os meninos são feitos escravos, para trabalhar nas minas. Outros dizem que os habitantes da montanha devoram os prisioneiros em grandes banquetes.

– Mentiroso! – Atacou Marcelo trêmulo de medo.

– Mentira? Em duas vezes que cruzei o túnel escutei ruídos estranhos atrás das paredes. Pareciam abafados gritos de socorro...

Agora Marcelo esforçava-se para não pensar nas histórias de Danilo. Abaixou-se e colou o ouvido nos trilhos. Diziam que dava pra ouvir a aproximação de um trem a quilômetros de distância. Ele não ouviu nada. Chateado, sentou-se e começou a jogar britas na placa que havia na entrada do túnel: APITE. A placa produzia um fugaz ruído metálico quando atingida. O ruído parecia entrar direto pelo túnel e perder-se lá dentro.

A espera punha-o nervoso. Sabia que devia esperar o trem, para não correr o risco de ser surpreendido pela composição no interior do túnel. O irmão dizia que mesmo assim não haveria perigo, pois bastava deitar-se nas canaletas que drenavam a água dos dois lados da via férrea. Mas a ideia de deitar-se na canaleta, enquanto um gigante de aço passava guinchando a meio metro de distância, não lhe agradava nem um pouco. Depois de ouvir falar nas ratazanas brancas do tamanho de vira-latas, a mera possibilidade passou a aterrorizá-lo. Preferia esperar pacientemente. Uma hora o trem viria.

Veio cinco minutos depois. Marcelo colocou-se ao largo da via quando ouviu os primeiros ruídos se aproximando. Atrás, numa curva distante, finalmente apareceu a locomotiva, um colosso vermelho com o farol aceso, como olho de ciclope. A cem metros do túnel, soou o apito. Marcelo chegou a cobrir os ouvidos com as mãos, pois o barulho era ensurdecedor. Então o trem passou por ele e enfiou-se pelo túnel, uma longa composição de mais de vinte e cinco vagões cargueiros. *Goela adentro da cobra*, pensou Marcelo, *uma baita refeição*.

Pôs-se a caminhar atrás do último vagão, assim que sumiu na escuridão. Sabia que não podia hesitar, pois o tempo de segurança durava alguns minutos. *Pelo menos quinze*, garantiu Camilo. O primeiro trecho ainda recebia boa luz, de modo que não apresentava maiores dificuldades. Ele avançou em passos firmes, concentrado, impressionado com o número de goteiras que havia no teto do túnel. De algum modo, a umidade captada pelo morro que se projetava acima enfiava-se pelo concreto para libertar-se em inúmeras goteiras. O túnel chorava.

Cerca de duzentos metros adiante, quando a luminosidade já havia declinado consideravelmente, ele parou. Até ali não havia encontrado nenhum dos animais citados por Danilo, portanto devia ser mesmo mentira. Ou talvez preferissem a escuridão que havia adiante. Marcelo virou-se e ficou espantado com a visão distante da entrada do túnel. Uma pequena secção de cilindro, brilhante de luz, lá ao longe. Lembrou-se que não tinha tempo a perder, devia seguir. Prosseguiu lentamente, como Camilo disse, sempre em frente.

– Um passo depois do outro – repetiu para si mesmo.

As palavras reverberaram na escuridão, metálicas. Em certo ponto percebeu que não enxergava um palmo diante do nariz. Virou-se. Já não via mais a entrada do túnel. Virou-se novamente, assustado com a possibilidade de perder o senso de direção e começar a seguir no sentido contrário. Colocou a palma da mão direita bem diante dos olhos e não conseguiu ver coisa alguma. É assim que uma pessoa cega se sente, pensou amargurado. Agora que estava parado, fazia um silêncio opressivo, quebrado apenas pelo gotejar que vinha do teto.

Quis dar mais um passo e não conseguiu. Tentou novamente e nada. Tinha travado. Travado de medo, como Alexandre disse que acontecia com muitos meninos. O rapaz mais velho, do alto da sabedoria de seus treze anos, explicou o que deveria fazer caso isso acontecesse. Bastava apenas ter força de vontade, pensar em alguma coisa realmente boa e seguir em frente. Marcelo focou-se no ensinamento: *Paçoca... Sorvete... Sorvete com paçoca...* Foram os pensamentos que lhe ocorreram. Mas não funcionou. Na verdade, precisava admitir que nunca antes na vida sentiu medo assim gigantesco, ao ponto de paralisar os membros e arrepiar a coluna. As histórias de Danilo assaltavam sua mente, incontroláveis, rompendo os diques de contenção que ele tentava antepor. *Banho de rio... Praia... Futebol...* Inútil. A cabeça estava tomada por caranguejeiras e ratazanas brancas. Súbito, pensou ouvir o ruído de uma laje se movendo. Aquilo eriçou os cabelos da nuca, como se a própria morte tivesse ali depositado um beijo. Uma gota gelada caiu na sua cabeça. Então Marcelo correu.

Correu, mesmo sabendo que não devia, em meio à completa escuridão. Correu como podia, roçando tornozelos no trilhos, claudicando cego por sobre os dormentes. E como Camilo prevenira, acabou tropeçando e ralando o joelho nas britas. Aquilo doeu:

– Aiii! Filha da puta!

Gemido e palavrão reverberaram no túnel. Marcelo viu-se ajoelhado, em meio à via férrea, absorvido pelo mais profundo breu. Olhou para os dois lados. Nenhum sinal de entrada ou saída do túnel. O mundo era um negro absoluto. Apesar da vontade, não se permitiu chorar. Os meninos eram hábeis em identificar sinais de choro nos olhos, um risco de lágrima, o tom avermelhado na esclerótica. Podia até ouvi-los dizendo: *se chorou, não é homem. Vai ter que passar pelo teste de novo!* Sentou-se, abraçando as pernas, desesperançado. Foi então que o pai veio socorrê-lo, magicamente, pelas asas da memória.

– O medo é o pior dos tiranos – lembrou o timbre da voz poderosa do pai. – Pode tirar tudo de você, se você deixar. Rouba sua liberdade, sua paz de espírito, seu gosto de viver. E vai te infernizar quando você menos espera.

– Você já teve medo, pai?

– Várias vezes. Todo mundo tem.

O pai estava lançado numa espreguiçadeira, na varanda da casa da praia. Marcelo balançava numa rede ao lado. O assunto surgiu porque ele contava ao pai o terror que alguns valentões espalhavam na escola onde estudava.

– Sempre tive medo de cobras, – continuou o pai, ruminando lembranças – desde que pisei numa jararaca na fazenda do seu avô. Olhei pra baixo e a maldita tinha enrolado na minha canela. Levei o maior susto da minha vida. Dei um pulo e um coice no ar. A cobra soltou-se e sumiu na grama alta. A única explicação é que pisei bem na cabeça da cobra. Por isso não fui picado, verdadeiro milagre...

– E o que você fez?

– Aí é que está – respondeu o pai, virando-se para encarar Marcelo. – Há coisas que vencemos nos entregando a elas. Com o sono é assim, não adianta lutar contra. O medo é diferente. A única forma de vencê-lo é enfrentá-lo. Encarar as coisas que lhe causam medo. Quanto mais fugir dele, mais poder ele terá. Vai crescer até o ponto de consumir você... O que eu fiz? Toda vez que encontravam uma cobra, eu ia junto enfrentar o bicho, por mais medo que tivesse. Assim o medo foi diminuindo, diminuído...

Marcelo pensou que estava enfrentando seus medos agora, mas não parecia que diminuíam. De qualquer modo, a lembrança daquela ensolarada conversa na praia deu-lhe forças para levantar e repetir o ritual que aprendera com Camilo.

– Um passo atrás do outro – prosseguiu em frente.

O joelho ardia. Ainda uma vez assustou-se com a explosão gelada de uma gota em seu ombro, mas não parou mais. Então, lentamente, a claridade surgiu. A princípio quase uma ilusão, um desejo. Mas, passo atrás de passo, a luz foi retomando território. Marcelo, profundamente aliviado, já via seus pés. Ao longe, a saída do túnel finalmente apareceu, pequena, mas brilhante como a visão de um oásis.

Três minutos depois emergiu do túnel. A visão da floresta verde ganhou um encanto especial. O céu nunca pareceu tão azul. Percebeu que os meninos não estavam lá. Começava a julgar que se confundiu no tombo e tomou o caminho da entrada, quando os três pularam do mato em volta, gritando feito índios. Pularam em torno dele, comemorando e parabenizando-o com pancadas na cabeça. Pela primeira vez na sua vida, Marcelo teve consciência da felicidade, um inebriante e fugaz momento no caminho da vida.

– O ritual está cumprido – anunciou Alexandre. – Um menino entrou no túnel. Um homem saiu dele.

Marcelo estufou o peito. Agora era um homem. Em seguida, os quatro voltaram para casa cruzando o túnel em sentido contrário. Ele espantou-se ao perceber que já não sentia medo algum, talvez pela companhia, pelas bobagens que os amigos diziam ao caminhar. Quando atingiram o centro do túnel, dominado por profunda escuridão, Marcelo perguntou:

– Onde estão os bichos que você falou, Danilo?

– São espertos. Não se atrevem a enfrentar nós quatro.

– E por que não vi nada quando atravessei sozinho?

– Sorte – respondeu o outro simplesmente.

Quando já viam a boca iluminada do túnel, Marcelo sentia-se tão feliz que saiu correndo na frente, lançando um desafio:

– O último que sair é mulher do padre!

Ouviu os três correndo atrás dele e, pouco depois, o som inconfundível de alguém levando um tombo.

– Aiii! Filha da puta! – Gritou Danilo.

Os outros três seguiram em frente, entre gargalhadas.

CRÔNICAS

O CÃO COMO TESTEMUNHA

AMAURI VIEIRA BARBOSA

O Reclamante dizia ter trabalhado por dois anos no sítio Ribeirão Vermelho.

A Reclamada, uma professora, negou a prestação de serviços. Em audiência, disse que conheceu o Reclamante no átrio do fórum:

– Onde já se viu uma coisa dessas, doutor?

Na audiência, o Reclamante trouxe declarações que davam viabilidade a que se reconhecesse que, se ele não trabalhara, sabia bastante sobre o sítio e sobre a vida familiar da Reclamada, o que tornava a alegação de desconhecimento cabal pouco provável.

Não havia testemunha; a convidada pelo Autor deu o cano. A Ré nadava de braçadas, processualmente falando.

Resolvi fazer inspeção judicial. Fomos ao Sítio Ribeirão Vermelho.

O plano era encontrar o irmão da Reclamada e buscar informações sobre o caso. A tese do "nunca vi mais gordo" era inverossímil.

Chegamos lá e o irmão não estava. O Reclamante, seguro do que dizia. A Reclamada se acomodava na tese do "nem conheço".

Um cachorro na coleira; perguntei o nome ao Reclamante. Ele disse:

– Esse é o Leão.

Foi chegando perto e mudou a versão:

– Não, não. Não é o Leão, doutor.

Papo vai, papo vem, assunto aqui, com o Reclamante, assunto ali, com a Reclamada, e vi um cachorro dormindo, a uns vinte metros.

Perguntei ao Reclamante:

– Qual é o nome daquele cachorro, seu moço?

– Ah!, doutor... aquele é o Rajão, com certeza!

– Então chama ele!

– Rajão!, disse o Reclamante.

O cachorro levantou as orelhas, abriu os olhos... ato contínuo levantou-se e foi correndo em direção ao Reclamante, uma festa só.

Se a Reclamada jurava que nunca conhecera o Reclamante, e que ele nunca pisara no sítio, Rajão dizia o contrário: O Reclamante, quando menos, era um habituê no pedaço.

Tive segurança - certeza inequívoca - de que o Reclamante, ou trabalhara no Ribeirão Vermelho, ou pelo menos tivera vivência no lugar.

Mais uns minutos e chega o irmão da Reclamada, vindo da cidade com a lavagem para os animais do sítio. Conversa dura, o irmão entra em contradição. Primeiro, vai na linha da dona do sítio, e diz que nunca vira o reclamante. Depois diz que o conhecia da cidade, só isso.

DURA REX SED LEX

Ilustração: Ibraim Rocha

– Ele nunca pisou aqui, doutor, nunquinha...

Aí contei da reação de Rajão ao ser chamado pelo reclamante. Então o irmão sentiu o golpe, desconcertou-se. Mais um pouco de conversa e ele entregou tudo:

– O Reclamante trabalhou aqui, doutor. Recebia salário, sim. O dinheiro saía das minhas mãos ou das mãos da minha irmã. Era eu quem trazia comida para ele. Ele morava naquele cômodo ali; água ele bebia do corgo - a mesma água servida ao Rajão.

Não fosse o Rajão e a história seria outra. Devo ao Rajão o sentimento de não ter cometido um erro judiciário.

Este foi o meu dia de cão.

TCC À PQP

MARCOS RIBEIRO DE BARROS

Na faculdade de direito, minha aula preferida era direito civil. Onde já se viu, no meio de regimes de bens, nomes patronímicos, contratos de compra e venda com cláusula resolutiva, tomei, já no primeiro ano, uma resolução: começar a escrever, deste então, a minha monografia, trabalho de conclusão de curso. E assim, aula após aula, ela foi tomando corpo:

"Sapatos pretos, brancos, cinzas, roxos escorregam no assoalho liso da pista. A luz estroboscópica dá um tom uniforme ao movimento diferente dos corpos. Eles se quebram, robotizando o panorama. Cabeças se mexem rápidas, braços encenam batidas de bateria e palmas tentam acompanhar os toques secos que saem das caixas acústicas enquanto a cabeça é balançada com velocidade de um lado para outro.

Luzes verdes, vermelhas, azuis, amarelas se mesclam ao colorido das roupas. Olhos fechados demonstram que se está longe, algumas pálpebras cerradas apenas escondem a vontade de demonstrar que se está distante, porém o abrir de vez em quando para ver se há alguém olhando entrega a farsa.

Esboço um leve balanço e balanço a timidez que me leva a parar, fecho os olhos e vejo luzes brilhando, o estroboscópio girando, as caixas gritando e eu dançando freneticamente, travolteando passos que deslumbram garotas que invadem a pista e dançam comigo, outras soltam gritos histéricos, enviam beijos, piscam sensualmente olhos e o garçom me cutuca dizendo se quero mais uma cerveja. Peço duas, três, muitas antes de o sinal bater e o escuro dominar o ambiente vazio.

Depois de quinze copos dessa cerveja que está sempre de colarinho, as garrafas em cima da mesa são pinos de boliche que caçoam de mim. Permanecem em pé, firmes, enquanto bamboleio como se fingisse acompanhar a melodia que agora une os corpos e os rostos ficam colados. Estou sem colarinho, sinto-me um pouco submisso a essa loira gelada que dá ordens acomodada na mesa. Olho para a parede verde e É PROIBIDO FUMAR o mestre salta diante dos meus olhos arregalados, chuta as garrafas e equilibra-se sobre a mesa com os braços abertos e uma gravata de crochê sendo segurada pela mão direita, como um microfone. Verdades saem de sua boca com sons esquisitos, mesclam-se ao discurso dos instrumentos e aos papos *oi boneca, psiu, gostooosaaaa! vamos dançar?* criando uma balbúrdia de mercado de peixe. Sob o seu som todos dançam, leis e mais leis fazem seus faróis brilhantes iluminarem cantos vazios do salão onde teias acomodam aranhas sonolentas que usam pedaços de algodão nos ouvidos e têm remelas nos olhos. O mestre faz comício atrás dos óculos modelo antigo, dois círculos grandes, grossos, marrons com lentes espessas embaçadas. Relanceio meus castanhos visionários rumo à parede azul, na porta noto em letras diminutas uma nota: É VEDADA A ENTRADA DE MENORES DE DEZOITO. *"Quem é de menor nem pensar, e pela hermenêutica tenho carta branca para barrar também os anões de dezessete centímetros".* Outra vez a voz do mestre, atravessa as cortinas de fumaça dos cigarros e sai das caixas acústicas de vários watts, a língua de crochê sorri e levanta o Oscar de melhor coadjuvante. Engulo mais mililitros, o gole dobra mais um pouco meus joelhos. Já não sei se danço tango ou rock, não sei mais se a garota de branco está só de tanga ou só de coque. Sei apenas que sento na cadeira e o doutor PLUFT! na minha frente, cruza as pernas como manda o figurino e faz chamada oral, questiona o que será da sociedade de amanhã se o despertador não tocar às seis e meia e eu não levantar, tirar e dobrar o pijama e colocá-lo debaixo do travesseiro e me preparar para sair de terno e colete, aí eu falo com alguns fonemas que encontro sóbrios que não estou preocupado com amanhã, pois amanhã é sábado e de terno e colete vou sair na avenida, eu de mestre sala e a loirinha lindinha de óculos de porta bandeira, aí sim vou tirar nota dez e mostrar para o meu pai a caderneta.

A menina insiste em ficar parada no balcão do snack bar, esboça um balanço tímido de acabar e lança um piscar que trota ao meu encontro.

POR FAVOR, EM ATENÇÃO AOS COLEGAS E AOS PROFESSORES QUE ESTÃO TRABALHANDO EM CLASSE, PEDE-SE SILÊNCIO NESTE CORREDOR.

Os gritos histéricos contam a história, o disc jockey abaixa o volume e os dançarinos completam, vozes finas e grossas em uníssono.

EXTRA! EXTRA!

O CORPO DE BOMBEIROS É CHAMADO, AS AUTORIDADES ESTÃO DESESPERADAS, CADERNOS PEGAM FOGO E ELE SE ALASTRA RÁPIDO, LIVROS E LIVROS ENTOPEM OS BUEIROS,

A CHUVA É TORRENCIAL, AS RUAS ESTÃO VIRANDO RIOS, OS BAIRROS JÁ SÃO REPRESAS, A CIDADE DAQUI A POUCO VAI VIRAR OCEANO, OS MESTREM CORREM AFLITOS, VÃO PRA LÁ E PRA CÁ, UM DANDO TROMBADA NO OUTRO, ISSO MESMO TORCIDA BRASILEIRA, O CIRCO PEGA FOGO, O SOM DA VITROLA É CADA VEZ MAIS ALTO, TÍMPANOS ESTOURAM AOS MONTES, PILHAS E PILHAS DE LIVROS EM CHAMAS DEIXAM A ESCADA MAGIRUS PEQUENA, OS MESTRES ARRANCAM OS CABELOS E O DONO DA FÁBRICA DE PERUCAS CATA OS FIOS COM AVIDEZ.

Assisto a tudo da minha cadeira, o dedo polegar e o fura bolo estalando, acompanhando o ritmo. Curto o panorama de olhos cerrados, imagino-me cuspindo e apagando tudo, sendo ovacionado como herói nacional e ganhando medalha de honra ao mérito, tendo que escutar com o corpo hirto, teso, sério a ordem do dia. A desordem no povoado impera, lá fora tudo é vermelho e amarelo e aqui dentro o fogo me pega de jeito.

UMA VOLTA ÀS RAÍZES

VALDINAR MONTEIRO DE SOUZA

"Enzamboado. Hoje eu estou enzamboado, doutor Valdinar", disse a mim e ao vereador Alécio Stringari, na sala de apoio do Plenário da Câmara Municipal de Marabá, o então presidente da Casa, vereador Nagib Mutran Neto. "É. Enzamboado, essa é boa. É uma palavra das nossas, da região", comentei, sorrindo, ato continuo. "É? Interessante, essa eu não conhecia. Teria que olhar o dicionário", respondeu o vereador Alécio.

Era terça-feira, 27 de março de 2012, um pouco mais das 14h30, quase 15 horas. Estávamos extenuados, depois de uma sessão extremamaente cansativa da Câmara Municipal. Atento e apegado ao uso de palavras bem caracterísitcas da nossa região como essa e muitas outras que me lembram sempre a infância e a adolência, em meio à minha parentela, raciocinei logo: excelente, assunto para uma crônica!

Com efeito, enzamboados estávamos todos nós àquela altura, uma vez que a sessão fora longa e cansativa. "Enzamboado" – para quem não sabe – é uma palavra toda nossa, com que designamos o cansaço físico acompanhado da indisposição mental para quase tudo, senão para uma boa briga. É sinônimo de fatigado, cansado, indisposto, mas tem esta nota distintiva: o indivíduo enzamboado, na acepção que empregamos, não aguenta muita amolação, parte logo para a briga.

Lembrou-me o avô materno, José Monteiro da Silva, nordestino de boa cepa vindo do Piauí, passando pelo Maranhão, homem de fino trato, que, a despeito disso, de vez em quando ficava enzamboado. Por isso, meu pai, João Belizário de Souza, costumava dizer que o velho Zé Monteiro era cheio de nós pelas costas. "Nó pelas costas" é outra expressão bem nossa, que, pelo menos na acepção que meu pai aí a empregava, exprime o indivíduo cheio de idiossincrasias.

Nossas raízes nos chamam, atraem e prendem. Senti tudo isso agora, quando estive em São Domingos do Araguaia, nos dias 15 e 16 de março de 2014, no velório e sepultamento de Gaspar Osvaldo da Silveira, pai da minha amiga Sara Paiva da Silveira, dentre outros filhos. Foi meu reencontro – ainda que, pelas circunstâncias, passageiro e triste –, com a terra, amigos e colegas, com o meu passado. A Sara, por exemplo, eu tinha visto havia trinta e oito anos, ainda quando, em 1976, estudávamos a quarta série de primeiro grau, na Escola Municipal José Luís Cláudio.

O cortejo fúnebre foi propositadamente a pé. Saiu da Travessa José Monteiro – nome dado em homenagem a meu avô –, passou pela Avenida Jarbas Passarinho, desceu por uma travessa cujo nome não sei e seguiu pela Rua Acrísio Santos, até o cemitério. Eu nasci na Rua Acrísio Santos e, quando por ela seguíamos a pé, lembrei-me, emocionado, destas palavras do filósofo e teólogo Leonardo Boff, imortalizadas na belíssima crônica "Remontar às raízes para rejuvenescer", publicada no "Jornal do Brasil":

Por mais distantes que andemos pelo nosso planeta, ou até fora dele como os astronautas, sempre carregamos junto a força das raízes. De tempos em tempos elas se avivam e suscitam em nós um desejo incontido de voltar a elas. Não estão fora de nós. São a nossa inconsciente base de sustentação e alimentação vital.

Ilustração: Ibraim Rocha

Cheguei, a certa altura do trajeto, a dizer à Sara, com quem ia de braços dados: "Eu nasci na Acrísio Santos, mais ou menos por aqui assim. Não sei bem onde." Somente eu sabia o quanto me sentia tocado pela situação. São Domingos do Araguaia é a minha terra natal, foi fundada por parentes meus bem próximos, lá nasci e me criei. Lá tenho enterrado o umbigo, não dá para esquecer.

Cenas do funeral, a dor de parentes e amigos do falecido, o sol que, no crepúsculo, morria com a tarde, a noite, que discretamente se fazia anunciar, tudo ali tocava, triste e profundamente, o meu ser, inclusivamente rememorando o cortejo do sepultamento do meu avô, em 1994, que faleceu em Xinguara, mas, como último desejo, exigira ser sepultado em São Domingos. A despeito da tristeza circunstancial, porém, minha alegria pelo retorno às raízes foi indizível.

POESIAS

O ESPELHO

ANA CLÁUDIA BENTO GRAF

Quebraram um espelho na esquina,
no canteiro.
A cada aparecia uma parte mais pequenina,
feiticeiro.
O sol refletia a noite estrelada na grama diurna.
Choveu.
A noite desapareceu,
só lama soturna.
E o lixeiro teve sete anos de azar.

SERÁ O CAPATAZ

ANA CLÁUDIA BENTO GRAF

Será o capataz
capaz de capar a paz?
Deixemo-lo em paz,
porque a paz é assim como um perfeito gás:
assaz se liquefaz
E um gás perfeito liquefeito não vira vapor
jamais.

SINTO

ANA CLÁUDIA BENTO GRAF

Sinto
debaixo do cinto
(mas não só ali)
o que sem ti
jamais senti.

ASSIM CAMINHA UM CAMINHANTE

BRUNO ESPIÑEIRA LEMOS[1]

Caminhava resoluto e seguro com firmeza altiva de poeta maduro
Minh´alma em festa se apequena modesta diante do olhar que afaga, teu olhar afegão
Teu canto de sereia, sussurro doce e imaturo,
Divina diva decadente que habita minha mente,
Por que bagunçastes o coreto da minha essência?

Perplexo e palhaço
Olhar triste e baixo
Não sei o que faço

---

[1] Procurador do Estado da Bahia

DIMENSÕES

Celso Augusto Coccaro Filho

Uma coisa pequena
Caminha em passinhos nervosos, nos buracos brumosos.
Traz a peste e a danação,
Um hoje, amanhã é legião.
É o rato: cozido e servido, com uma ervilha na boca.

Uma coisa média
Criada para morrer.
Não passa de uma carne que envolve o ser.
O seu coração não se distingue,
Daquele que o extingue.
O porco: cozido e servido, com uma maçã na boca.

Uma coisa grande
Tem aspecto anacrônico,
No circo faz de cômico.
Sua dança é um mistério,
A ganância busca seu cemitério.
É o elefante: cozido e servido com uma melancia na boca.

DESESMERO

EUGENIO ARCANJO

**I.
Passageiro**

1.
Entre e dispense
lantejoulas, lagostas
firulas

Sempre pense
na cabeça cortada
que rolou no porão

Quente e denso
é o caldo de feijão

Mesmo sem toucinho
compensa

seu intenso
imenso

desprezo

2.
A sombra
cômica dos postes
pulsava

A marca
senoidal dos arcos elétricos
bailava
e me deixava
bêbado

O sono
o ronco dos outros
passageiros
passava dos oitenta

decibéis

3.
Em casa
os donos do pássaros
Na rua
os passos calados
a pista molhada

A cidade silva
o meu povo sousa
à espera dos santos
e cantos

em todos os prantos

4.
O molejo da cabeça
espera, explode
espana

Um enxame
sem ao menos
cor de pensamento
invade

Parcas borboletas
cor de modess
moderadamente
encenam

O molejo da cabeça
espera, espera
espera

5.
Pálido azul
de metiocolin
Calma violência

de estudantes
reunidos

Entre todos
me distingo

Entre todos
me amasso contra
mim

6.
Preciso
da miséria
dos teus porcos
do teu feijão pouco

Me alimento
do teu ambiente
me repito
no teu espírito

postumamente

7.
Olha aqui,
seu moço,
me desculpe a ocasião
de falar tão sério
Olha aqui,
em março
eu senti cansaço

Olha bem aqui,
seu moço,
me desculpe os modos

É que tenho pressa
Me avise da chegada.
É que tenho sono
– tenho saudade

**II.
Clohaicais**

1.
Em vista
dos pés
e do sorriso
– hipnotismo

2.
Arrancar da raiz
a raiva

Da relva rasa
sem raiz
o riso

Arrasar o ramo

III.
Deslírios

1.
Me acho
riacho
Em cachos
derreto

Meu trago
eu verto
por certo
aos tachos

Me meto
em sonhos
e ponho
meu gole
meu sumo
em versos

2.
Fabrica um grito
indócil
Bebe do meu temor
(bêbedo) meu amor

Eu te amo
febre de poesia
Eu te amo
mulher-fuzil

3.
O apito do trem
não é ninguém

O mês que vem
não é ninguém

A nota de cem
não é meu bem

Não é nem vem
não é nem vem
me beijar com seiva
me beijar

4.
Das feras
tenho o faro
    firo furo
    unha dente

o sonho premente

No entrevero
da madrugada
    farejo
    desejo

mitigo teus beijos

Não é sério
meu existir
   farelo
   farofa

tudo coisa fofa

5.
Ontem
lhe trouxe
uma janela
alegre larga
grandes papoulas

Quando sentir
pela primeira vez
a luz do sol
nas suas canelas
e madeixas

compreenderá
porque lhe trouxe
uma janela

desça e venha

6.
As cores do dia
estão fixas
hoje só penso em sorte
em jogo do bicho

As camadas de nuvens
estão líquidas
As formigas criam asas
Hoje prefiro
te pisar os calos

Os carros brilham pálidos
A calçada não é mágica
As pessoas andam frígidas
O passado não é sólido
O amor é tão clássico

7.
Viva em mim
em rápidos ataques
    assim

Não me venha inteira
nem quando for flecha
    certeira

ou calma cachoeira

Não estou em cada esquina
sou rio tortuoso
    menina

Me beija em flashes
esconde o corpo
    mexe

me esquece

De poesia quero morrer
no navio lento
    sem você

e chover

8.
A calma dos dias
me ensinou a esperar
os meses
anos

por vezes

Me aboletei e
esperei a morte
por sorte
não veio

tão cedo

por medo
escapo calmo
sufoco a alma
– ninguém vê

9.

Estou certo e calmo
que é perto
o caminho dos dias
e das pessoas

Estou calmo nos braços
e nas pernas
no corpo
tenho marcas de amor

Ainda ontem
como se não fosse ontem
vivemos pertos
de estar na fonte

onde
esperar o bonde?

10.
Ainda bem
que o sol
também
me faz pensar

A cabeça
esfria
o que não foi
será
Tudo certo

margem, rio
tudo
tudo, espero

Não sou água
quero música
Silêncio,
meu peito

11.
Explico
o mal
Digo:
o local do crime

Te matei
em mim
Explico:
me curei do mal

Nem na saudade
eras letal

Insípido amor
ínfima dor
Tão ínfima
que eu ri

12.
Das palavras
me despeço
quase com alívio
Agora sou mudo

Avisarei as estrelas
do meu silêncio
Elas te devolverão
o olhar
e as minhas palavras

Agora sou duro
Vou amar
as garotas da praia
e lhes dizer
que sou duro

Que minhas palavras
me ajudem agora
a só dizer
que sou duro
e que te amo

Os duros falam assim
não invocam a lua
nem as estrelas
(incendiadas de tédio)

TARRAFA

Hamilton Bonatto

Tralhar as malhas,
Unir os nós,
Fieira a fieira, numa crescente
Tralhar a vida
Unir a gente
Tudo é um só: espaço -tempo,
Mar, continente.

Tarrafa pronta, fio de algodão,
Fieira, roda e chumbada
Rufo pronto, tentos na mão.
Terra interconectada
Ética, critérios, vida sustentada
Processo, padrão, estruturas
A grande aventura entrelaçada.

Lançar tarrafa.
Construir círculo, abraçar a água
Tainha, betara, robalo
Cidade, Terra, Galáxia
Um só fio, malhas de um só sistema
Une os nós, une a vida,
Tralha o único poema.

O AMOR É UM PROJETO QUE NÃO DEU CERTO!

SUERLY GONÇALVES VELOSO

*"O amor não vê com os olhos, vê com a mente.
Por isso é alado, é cego e tão potente"*
William Shakespeare

O amor é inteligente.
É vidente.
É prudente.

Pode ser serpente,
Veneno, e
Dormente!

Às vezes surge
De repente!
Vem também
Com os mais
Experientes!

O amor
É uma forma
De pensar.
É uma forma
De agir!

Nem o amor
Nem a justiça
São cegas.

São passionais.
Unilaterais.

O amor
Está no coração.
Então,
Fora da razão,
Dos cinco sentidos,
Nesses, a visão.

O amor,
Não tem forma
E não pode ser
Comprado.

Sem estampado,
Só o conhecem
Os namorados.

A lua quis imitá-lo
Após da terra
Separada,
Tem dia que
Fica prateada,
Para inspirar
A serenata.

Desde criancinha,
A lua era revoltada,
Preferiu separar-se
Da terra,
Para livrar-se
De
Tanta
Emboscada!

A
Deus,
Repete,
Todos os dias,
Sem parar:
Muito obrigada!
Por me haver
Desterrada.

Essa é a visão
De Shakespeare.
Para pensar,
Um furacão!

Mas,
O amor não é incolor,
Tem tom e tem cor,
Por isso pode ser visto.

O amor tem som,
Barulhada e guinada,
É feminina,
Por isso,
Pode e não pode,
Ser escutada.

O amor perverte,
Mas também inverte,
Às vezes,
Penetra,
Como um canivete.

Deve ser nesse sentido que
O Príncipe,
Que com tudo se diverte,
Disse,
Que o
Amor
Não está no Norte (cabeça)
Mas no Leste (coração).

O amor não é alado,
Não voa,
Como disse
O poeta renomado,
Malgrado,
Ele é ocultado,
Fora do alcance
Das pessoas,
Para que não seja
Barrado,
Mal-interpretado,
Da terra exonerada.

O amor é um pobre coitado.
Vive humilhado,

Não é sagrado,
Menos ainda,
Consagrado;
Só injuriado,
E mal interpretado.

Tivesse Judas
Ocultado (Jesus),
Que já tinha tudo
Escrutinado,
Das profecias,
Era sabatinado,
De Deus (planos),
Era encarregado,
Teria passado,
Para a historia,
Como um bom soldado.

O amor tem medo,
De ser julgado,
Pelos homens,
Por isso se
Esconde,
Abre um buraco
Em nossa fronte,
Dos olhos do homem,
Quer
FICAR Longe.

O amor tem de
Ser negado,
Pois é mais
Inteligente
Não ser metralhado,
Nesse sentido,
Três vezes
Cristo foi
Negado.

Iscariotes para sempre,
Renegado,
Por que
Seu
Amor
Foi
Revelado.

O amor

Não é
Sagrado,
Tudo que é
Sagrado,
É respeitado,
Não pode ser tocado.
O amor somente
É

Encurralado!

Se o amor é
Mal-amado,
Ele só pode
Viver enclausurado,
Não pode ter ala
Nem lado,
Para não correr
Risco, e ser
Achado.

O amor pode até
Ser potente,
Até que,
Contra ele,
Surja-lhe,
Uma corrente,
Para aprisioná-lo,
Mostre os
Seus
Dentes.
Mata-o,
Ou

Fica
Doente.

Sem remédio,
Prefere
O vitupério,
Como o fez
Lutero,
Iscariotes
De Cristo,
O cemitério!

Essa vida é mesmo
Um mistério!

Cristo um dia
Supôs o amor,
Na terra.
Não deu certo,
Logo fugiu (aos 33 anos),
Para sua verdadeira
Terra.

POESIA

RITA PARISOTTO

Ao longe, passos ecoam na fria madrugada. Ouço calada.
O coração dispara me avisando que pode ser você.
No minuto seguinte, me lembro que você distante, não virá.

Faz parte do mundo da tela. Colorido.
Alice no pais das maravilhas.
Mundo impenetrável, onde eu não sou benvinda.

Mas resisto, insisto. Teimosamente bato.
O som da pesada porta ressoa pela fria madrugada.
Nenhuma resposta ouço.

Ao longe o cão late solitário, como que avisando,
que o sol, em breve nascerá. Um novo dia no mundo real.
Aquele das angústias, incertezas,medos, decepções e da coragem.

O manto desse mundo me cobre, lembrando, que
o mundo de Alice não é o meu. Nele não sei andar.
Não sei pensar nele. Não sei viver nele. Nele, não sei nada.

É, não é. Vem, não vem. Pode, não pode. Fala, não fala.
Sente, não sente. Quer. Não quer.
Incertezas. Só incertezas.

O caos tenta me abarcar. Mas, preciso da realidade como o peixe a água
Preciso do ar, ainda que ocre, ainda que frio.
Da fria madrugada. Tão solitária e tão minha.

O vento corta a carne, lembrando que a dor espreita os passos.
Não importa. Nada será diferente do que antes.
E a dor continuará sendo minha.
Um reflexo do espelho sem nenhuma imagem.
Só o vazio na imensidão do nada.

HUMOR

Guilherme A. Pastana & Guilherme Purvin

LETRAS Jurídicas

Letrasdo Pensamento

QUEM SOMOS

Editora **LETRAS JURÍDICAS** *e* **LETRAS DO PENSAMENTO**, com quinze anos no mercado **Editorial e Livreiro** do país, é especializada em publicações jurídicas e em literatura de interesse geral, destinadas aos acadêmicos, aos profissionais da área do Direito e ao público em geral. Nossas publicações são atualizadas e abordam temas atuais, polêmicos e do cotidiano, sobre as mais diversas áreas do conhecimento.

Editora **LETRAS JURÍDICAS** *e* **LETRAS DO PENSAMENTO** recebe e analisa, mediante supervisão de seu Conselho Editorial: *artigos, dissertações, monografias e teses jurídicas* de profissionais dos *Cursos de Graduação, de Pós-Graduação, de Mestrado e de Doutorado, na área do Direito e na área técnica universitária, além de obras na área de literatura de interesse geral.*

Na qualidade de *Editora Jurídica e de Interesse Geral*, mantemos relação em nível nacional com os principais *Distribuidores e Livreiros do país*, para divulgarmos e para distribuirmos as nossas publicações em todo o território nacional. Temos ainda relacionamento direto com as principais *Instituições de Ensino, Bibliotecas, Órgãos Públicos, Cursos Especializados de Direito* e todo o segmento do mercado.

Na qualidade de *editora prestadora de serviços*, oferecemos os seguintes serviços editoriais:

- ☑ Análise e avaliação de originais para publicação;
- ☑ Assessoria Técnica Editorial;
- ☑ Banner, criação de arte e impressão;
- ☑ Cadastro do ISBN – Fundação Biblioteca Nacional;
- ☑ Capas: Criação e montagem de Arte de capa;
- ☑ CD-ROM, Áudio Books;
- ☑ Comunicação Visual;
- ☑ Consultoria comercial e editorial;
- ☑ Criação de capas e de peças publicitárias para divulgação;
- ☑ Digitação e Diagramação de textos;
- ☑ Direitos Autorais: Consultoria e Contratos;
- ☑ Divulgação nacional da publicação;
- ☑ Elaboração de sumários, de índices e de índice remissivo;
- ☑ Ficha catalográfica - Câmara Brasileira do Livro;
- ☑ Fotografia: escaneamento de material fotográfico;
- ☑ Gráficas – Pré-Impressão, Projetos e Orçamentos;
- ☑ Ilustração: projeto e arte final;
- ☑ Livros Digitais, formatos E-Book e Epub;
- ☑ Multimídia;
- ☑ Orçamento do projeto gráfico;
- ☑ Organização de eventos, palestras e workshops;
- ☑ Papel: compra, venda e orientação do papel;
- ☑ Pesquisa Editorial;
- ☑ Programação Visual;
- ☑ Promoção e Propaganda - Peças Publicitárias - Cartazes, Convites de Lançamento, Folhetos e Marcadores de Página de livro e peças em geral de divulgação e de publicidade;
- ☑ Prospecção Editorial;
- ☑ Redação, Revisão, Edição e Preparação de Texto;
- ☑ Vendas nacionais da publicação.

CONFIRA!!!

Nesse período a **Editora** exerceu todas as atividades ligadas ao setor **Editorial/Livreiro** do país. É o marco inicial da profissionalização e de sua missão, visando exclusivamente ao cliente como fim maior de seus objetivos e resultados.

O EDITOR

A Editora reproduz com exclusividade todas as publicações anunciadas para empresas, entidades e/ou órgãos públicos. Entre em contato para maiores informações.

Nossos sites: www.letrasjuridicas.com.br e www.letrasdopensamento.com.br
E-mails: comercial@letrasjuridicas.com.br e comercial@letrasdopensamento.com.br
Telefone/fax: (11) 3107-6501 - 99352-5354 - 99307-6077